北京大學《儒藏》編纂與研究中心 編

《儒藏》精華編選刊

游定夫先生集

〔北宋〕游酢 撰
景新强 校點

北京大學出版社
PEKING UNIVERSITY PRESS

圖書在版編目 (CIP) 數據

游定夫先生集 / (北宋) 游酢撰 ; 北京大學《儒藏》編纂與研究中心編. —北京 : 北京大學出版社，2023.9

(《儒藏》精華編選刊)

ISBN 978-7-301-33795-0

Ⅰ. ①游… Ⅱ. ①游… ②北… Ⅲ. ①游酢 (1053–1123) – 文集 Ⅳ. ① B244.6-53

中國國家版本館 CIP 數據核字 (2023) 第 035949 號

書　　名	游定夫先生集 YOUDINGFU XIANSHENG JI
著作責任者	(北宋) 游　酢　撰 景新强　校點 北京大學《儒藏》編纂與研究中心　編
策劃統籌	馬辛民
責任編輯	沈瑩瑩
標準書號	ISBN 978-7-301-33795-0
出版發行	北京大學出版社
地　　址	北京市海淀區成府路 205 號　100871
網　　址	http://www.pup.cn　　新浪微博 : @ 北京大學出版社
電子郵箱	編輯部 dj@pup.cn　　總編室 zpup@pup.cn
電　　話	郵購部 010-62752015　發行部 010-62750672 編輯部 010-62756449
印 刷 者	三河市北燕印裝有限公司
經 銷 者	新華書店
	650 毫米 ×980 毫米　16 開本　9.5 印張　82 千字
	2023 年 9 月第 1 版　2024 年 5 月第 2 次印刷
定　　價	38.00 元

目録

游定夫先生集卷三……四五

同治四年，智開權篆和州，首謁定夫先生墓于含山昇城鄉，爲重修治，買墓田以奉祀。事既，桐城孫海岑太守以涇縣洪琴西太守所藏先生集四卷寄示，先生裔孫文遠乾隆丙寅校刊本也。伏讀《四庫全書總目》云，先生《中庸義》、《易説》、《詩二南義》、《〈論語〉〈孟子〉雜解》、《文集》「本各爲書」，此本四卷，「蓋後人綴拾重編，不但非其原本，且併非完書矣」。觀其所指，大約與文遠是本相類。因屬桐城方君存之爲博考旁稽，補訂缺誤。政暇，與友人桐城蕭敬孚復爲校勘，以付梓人。先生於智開爲族祖，今承乏兹土，適爲先生遺愛之鄉。瞻望典型，邈不可追，讀其遺書，願與州人士共無忘教澤也夫！　六年冬十有一月新化游智開謹識。

校點說明

《游定夫先生集》是宋儒游酢的集子。游酢，字定夫，建州建陽（今屬福建）人。生於宋仁宗皇祐五年（一〇五三），卒於宋徽宗宣和五年（一一二三）。北宋理學家、學者，世稱廌山先生，又稱廣平先生。與楊時同受業於洛陽二程，「程門立雪」即其事也。登神宗熙寧五年（一〇七二）進士第，歷任太學博士、州學教授、監察御史，知和州、漢陽軍、舒州、濠州，卒葬和州。《宋史》卷四二八有傳。

楊時《御史游公墓誌銘》稱有文集十卷藏於家，《宋史·藝文志》亦著録文集十卷。《墓誌銘》於文集外又云其有《中庸義》一卷，《易説》一卷，《詩二南義》一卷，《論語雜解》、《孟子雜解》各一卷。王稱《東都事略》卷一一四《游酢傳》云其有《中庸義》、《易説》、《二南義》、《語孟新解》各一卷，《文集》一卷。則當時文集與諸學術著作分本別行，且文集在南宋已無十卷完本。晁公武《郡齋讀書志》、陳振孫《直齋書録解題》未見著録，不詳其書在宋代是否刊印。元明以降，惟有明代《徐氏家藏書目》卷六著録游酢《廌山集》二卷，不詳所本。

現存游酢文集均爲清人重新編輯成帙。清代福建游氏後裔搜輯刊刻游酢文字，始自乾隆七年(一七四二)壬戌游廷馨校輯，十一年丙寅游端柏(文遠)重補刊刻，三十七年游氏再刻，道光二十一年(一八四一)游鍾、游琳重修刻，同治九年(一八七〇)游鳳臺又刻。除游廷馨本外，均有著録。游氏諸補刻並無增益，只增收後人論讚、吟詠游酢事跡的閒文，顯得蕪雜。《四庫全書》據游氏家藏本，經館臣校勘收入，定名《游廌山集》，共四卷。此本收録篇章雖未超出游氏諸刻，但刪落論讚、吟詠，綱目清楚，應是從乾隆原刻本出。

同治六年，新化游智開在和州知府任内整理游酢遺跡、著作，請桐城方宗誠輯佚校勘，刻成《游定夫先生集》六卷，另有首一卷，收録本傳、《墓誌銘》、《年譜》、《諸儒論述》；末一卷爲附録，收録楊時《祭游定夫文》、朱熹《建寧府學游御史祠記》、張栻《游胡二先生祠堂記》、黄榦《漢陽軍學五先生祠堂記》、《祭建安游先生祝文》、左宰《游廌山先生集序》、方宗誠《重修和州游定夫先生墓碑記》等。這就是同治六年和州官舍本。

方宗誠依據福建游氏乾隆十一年丙寅刻本重編卷次，損益而成。其編校得失兼有。優點主要在卷三《中庸義》部分。按游酢《中庸義》，宋人衛湜《禮記集説》全録，朱熹《中庸輯略》亦節録其文。游氏諸刻本及《四庫》本系統《中庸義》同出於朱熹《輯略》，獨山莫友芝曾從《禮記集説》重輯，方宗誠又移用莫友芝輯文。故和州本《中庸義》比之游氏本、《四庫》本，文字多有增補。又，游氏諸本中《師語》部分凡五節，原輯自朱熹所編《二程遺書》，其中

二、三、四、五節原是《遺書》卷五、卷六、卷七、卷八，朱子注云「此後四篇本無篇名，不知何人所記」，以爲非游酢手録。游氏本編者將其收入酢《集》，但不完全，去取依據今不可考。《四庫》本又並從此失。方宗誠詰之，於和州本删去。方氏編校此本也有乖謬之處，如卷六輯有《陳太平策》一篇，游氏諸本皆無，考諸載籍，此篇乃元成宗大德七年（一三〇三）鄭介夫奏疏，收入明人編《歷代名臣奏議》。新出《全宋文》亦襲方宗誠之誤收録此篇，當予明辨。

此次整理游酢文集，用同治六年游智開和州官舍本作底本。爲尊重底本和便於讀者查考方宗誠編校之跡，原本方氏所加小字按語均予保留。以《宋集珍本叢刊》影印清抄本《游廌山集》四卷爲校本，此本是館臣抄出，校改後録入《四庫全書》的底本，稱清抄本。《中庸義》部分還援引北京圖書館出版社（二〇〇三年）影印的南宋嘉熙四年（一二四〇）新定郡齋刻本《禮記集説》加以校正。其他附麗的諸儒論贊，酌引該作者别集通行本校勘，採用現代校勘成果覆校的均予注明，兹不贅述。另，新出《全宋文》輯有遺文《題張元幹大父手澤後》、《字韋許深道説》二篇，附於全書之末，特此鳴謝。最後須説明的是，卷首、卷末等附麗部分均照原本編排。

校點者　景新强

校刊游定夫先生集序

新化游子代刺史權篆和州，其爲政務以興廢舉墜、化民敦俗爲先，既嘗修理游定夫先生墓於含山昇城鄉，捐俸買田以奉祀事，復得先生裔孫文遠所刻《廌山集》，重付剞劂。蓋不特使其士民過墓生欽，以無忘前賢之遺愛；又將使學者讀先生遺書，考其言行，而求其學道愛民之所以然者以爲師瀍也。書來，屬宗誠校正脱誤。既卒業，竊以先生之學親受於兩程夫子之門，與楊、謝、尹、吕諸公俱稱高第弟子。其所著《論》、《孟》、《中庸》諸解，朱子皆取入《精義》、《集註》、《章句》、《輯略》之中。❶ 而《詩義》、《易義》，歷朝欽定諸書亦頗採其説，頒之學宫，以爲典憲。所録二程先生語，朱子編次《遺書》俱深取之。而其政事絶人，又屢見於諸儒之稱述。信乎！其爲體立用行之醇儒也已。雖其立言間有小疵，爲朱子《或問》之所駁難，然嘗即先生之書玩之，蓋第本其躬行心得之言以説經，故間與經之文義不相應。朱子註經，必其不背於聖賢之本意，故凡自率其胸臆之説者，不得不嚴辨之。此釋經之體則然。若舍是而觀先生之言，則足資感發者固已多矣。且夫六經、《語》、《孟》諸書，漢唐儒者第汩没于訓詁名物義疏之中，不復深求其義理，以致之於身心家國之用。自二程夫子起，始獨有得于章句箋疏之外，而見聖賢立言之本心。先生及同門諸子互有以發明之，于

---

❶ 「輯」，原作「集」，今據朱熹《中庸輯略》及上下文義改。

是經之大體大用始著。朱子繼起，乃合漢唐之訓詁、宋諸儒之義理，擇之極其精，語之極其詳，由是聖賢之經義始如日月經天、江河行地，布帛菽粟之切於人生日用而不可離。譬之農焉，朱子則陳列修治而爲之疆畎者也。然非始有既勤敷菑如先生輩者，則朱子一人又豈易芟柞而耕穫也哉？

文遠本缺誤既多，予爲博考旁稽，盡録先生全文，使學者可以考見先生之所得。又附注朱子論難之言，以折衷經之本旨。其他有可徵信者補之，疑者闕之，而舊本卷首及附録之間文盡爲删削，以歸簡約。嗚呼！先生生當道學未大明之時，獨能奮然興起，立雪程門，以求至道，而見之於政事。雖其所言未盡純，固不失爲豪傑之士也。今程朱之書既行，孔孟、六經之旨既已昭明，而學者不知體諸躬而措諸用，徒摹擬于文義之間，以求不失聖賢之旨，雖言之極其肖，實不異優孟之衣冠也。讀先生書者其亦可以蹶然起矣。同治六年後學桐城方宗誠謹識。

游定夫先生集卷首

本傳　墓誌　年譜　諸儒論述

宋史本傳

游酢，字定夫，建州建陽人。初與兄醇俱以文行知名，所交皆天下士。程頤見之京師，謂其資可以進道。程顥興扶溝學，招使肄業，盡棄故所習而學焉。第進士，調蕭山尉。近臣薦其賢，召爲太學録。遷博士，以奉親不便，求知河清縣。范純仁守潁昌府，辟府教授。純仁入相，復爲博士，簽書齊州、泉州判官。晚得監察御史，歷知漢陽軍、和、舒、濠三州而卒。

宋嘉熙二年賜謚誥

皇帝聖旨：國家制爲爵禄以御臣下，生有華寵之命，殁有褒崇之典，始終之道備矣。故朝散大夫、知舒州軍州、管勾神霄玉清萬壽宫、管勾學事兼管内勸農事、借紫金魚袋游酢，言正而行端，德閎而學粹，趨蹡禮樂之場，超卓傳註之表。羣經獨得其趣，諸子莫遁其情。羅網百家，馳騁千古，進憲臺以率僚屬，推聖學以明大義。士風疏議，足以扶國本于當時；註釋經書，足以開來學于後世。顧功德之兼全，宜恩隆之特異。兹稽謚瀍：道德博厚謂文，言行端嚴謂肅。可贈中奉大夫，謚曰「文肅」，主者施行。

楊公龜山御史游公墓誌銘

吾友定夫既没之明年，其子某自歷陽涉大江詣予，而告曰：「先君之友，惟公爲最厚。今既葬，而幽堂之銘無辭以刻，恐遂湮没無傳焉，敢以是請。」予告之曰：「如先公之名德，皎如日星，雖奴隸之賤，皆知之。其流風餘韻，足以師世範俗，豈待予言而傳乎？然昔在元豐中，俱受業於明道先生兄弟之門，有友二人焉：謝良佐顯道，公其一也。三年之間，二公相繼淪亡，存者獨予而已。追念平生觸事，無一不可悲者。今吾子以銘見屬，舍予其奚之？」

公諱酢，定夫其字也，建州建陽人。初與其兄醇俱以文行知名於時，所交皆天下豪英。公雖少，而一時老師宿儒咸推先之。伊川先生以事至京師，一見，謂其資可與適道。是時，明道先生知扶溝縣事，先生兄弟方以倡明道學爲己任，設庠序，聚邑人子弟教之，召公來職學事。公欣然往從之，得其微言，於是盡棄故所習而學焉。其後得邑河清，予往見之。伊川謂予曰：「游君德器粹然，問學日進，政事亦絶人遠甚。」其在師門見稱如此，則所造可知矣。公於元豐五年登進士第，調越州蕭山尉。用侍臣薦，召爲太學録，改宣德郎，除博士。公以食貧待次，奉親不便，就擬知河南府河清縣。忠宣范公判河南，待以國士，事有疑議必與之參訂；移守潁昌，辟公自隨，爲府學教授。未幾還朝，復秉國政，即除公太學博士。已而忠宣罷政，公亦請外矣。除齊州簽書判官廳公事，用年勞改奉議郎。丁太中公憂，服除，再調泉州簽判。上皇即位，覃恩改承議郎，賜緋衣銀魚袋，還召爲監察御史，磨勘，轉朝奉郎，出知和州。歲餘，管勾南京鴻慶宫，居太平州。兩乞再任，以八寶恩轉朝散郎，磨勘，轉朝請郎、知漢陽軍。磨勘，轉朝奉大夫。以親老，再乞宫祠，除提點成都府長生觀。丁太碩人憂，服除，除知舒州，移知濠州。不數月，會從官謫守衡，罷歸，寓歷陽，因家焉。宣和五年五月乙亥以疾終於正寢，享年七十有一。是年十二月丙午與夫人合葬於和州含山縣昇城鄉車轅嶺之原，用治命也。

公自幼不羣，讀書一過目輒成誦。比壯，益自力，心傳目到，不爲世儒之習。誠於中，形諸外，儀容辭令，燦然有文，望之知其爲成德君子也。其事親無違，交朋友有信，蒞官遇僚吏有恩意。雖人樂於自盡而無敢慢其令者。惠政在民，戴之如父母，故去則見思，愈久而不忘。筮仕之初，未更事，縣有疑獄十餘年不能決，公攝邑事，一問得其情而釋之，精練如素宦者，人服其明。比年以來，編民困於征斂，而脩奉祠館、❶市材調夫無虚月，所至騷然。公歷守四郡，處之裕如，雖時有興造，民初不知而事集，此在公特其粃糠耳，無足道者，故不復縷載。若其道學足以覺斯人，餘潤足以澤天下。遭時清明，不及用而死。此士論共惜之，非予一己之私言也。曾祖尚、祖禮之，不仕。父潛，贈太中大夫。❷娶吕氏，封宜人，有賢行，事舅姑以孝聞，友

❶「祠」，原作「祀」，今據清抄本、《龜山集》改。
❷「太」，原作「大」，今據清抄本、《龜山集》改。

娣姒，睦媚族，人無間言。公素貧，不治生産；夫人攻苦食淡，能宜其家，則内助多矣。先公三年卒，享年六十有六。子男七人：撝，文林郎、洪州司兵曹事，卒於官；擬、捄、握，皆蚤世；損，迪功郎，前授歸州司兵曹事；掞，將仕郎；拂，未仕。皆業儒，世其家。女一人，歸時之子適。孫男三人，女五人。有《中庸義》一卷、《易説》一卷、《詩二南義》一卷、《〈論語〉〈孟子〉雜解》各一卷、《文集》十卷藏於家。銘曰：嗚呼天乎，胡不慭遺。方時清明，哲人其萎。道雖不行，斯文未亡。百世而下，其傳有光。

年　譜

宋仁宗皇祐五年癸巳二月十五日午時，公生於建寧府隋立建安郡，末改泉州。唐建州。宋初隸江南，又隸兩浙，尋以隸福建，陞建寧軍節度，後陞今名。建陽之長平。

至和元年甲午，公二歲。改元首年俱書。

嘉祐元年丙申，公四歲。

五年庚子，公八歲。善屬文，人稱神童。

英宗治平元年甲辰，公十二歲。潛心《孝經》。

神宗熙寧元年戊申，公十六歲。與兄質夫從族父執中於家塾。

三年庚戌，公十八歲。同葉敦禮、施景明從江處中於集公山。

五年壬子，公二十歲。預鄉薦。伊川先生見之京師，謂「其資可與適道」。八月，明道先生令扶溝，召職學事。

六年癸丑，公二十一歲。禮部試下第，補太學生，歸。

八年乙卯，公二十三歲。預太學薦。

元豐元年戊午，公二十六歲。

四年辛酉，公二十九歲。與楊中立、謝顯道以師禮見明道先生於潁昌，録有明道先生語。

五年壬戌，公三十歲。登黄裳榜進士。

六年癸亥，公三十一歲。調越州蕭山尉。三月長子撝生。

七年甲子，公三十二歲。赴蕭山任。

八年乙丑，公三十三歲。官蕭山，用侍臣薦，召爲太學録。六月晦，聞明道先生訃，設位哭於寢門，作《行狀》。七月，次子擬生。

哲宗元祐元年丙寅，公三十四歲。官太學録，改宣德郎，除博士。

二年丁卯，公三十五歲。官博士，以食貧待次，奉親不便，就擬知河清縣。

三年戊辰，公三十六歲。官河清。四月，三子拂生。

四年己巳，公三十七歲。官河清。是時，忠宣范公判河南，待以國士，有疑議與之参訂；移守潁昌，辟公自隨，爲府學教授。

五年庚午，公三十八歲。任教授。五月，四子損生。

六年辛未，公三十九歲。任教授。
七年壬申，公四十歲。任教授。范公未幾還朝，復秉鈞軸，即除公太學博士。七月，五子掞生。
八年癸酉，公四十一歲。官博士。偕友中立離河清，以師禮見伊川先生於洛，録有伊川先生語。
紹聖元年甲戌，公四十二歲。官博士。六月，六子捄生。
二年乙亥，公四十三歲。官博士。范公罷政，公亦請外，除簽書齊州判官廳公事。十二月，女生。及笄，適中立三子適。
三年丙子，公四十四歲。官齊州。十月，丁父憂，解官居制。
四年丁丑，公四十五歲。在制。葬太中升叔於寶應寺山。
元符元年戊寅，公四十六歲。在制。築草堂於廌山之麓，著《〈論〉〈孟〉雜解》、《中庸義》。
二年己卯，公四十七歲。正月，服闋，再調泉州簽判，築水雲寮於武夷之五曲，爲講論之所。著《易説》、《詩二南義》。
三年庚辰，公四十八歲。赴泉州任。十一月，上皇即位，召還爲監察御史。
徽宗建中靖國元年辛巳，公四十九歲。官御史，論士風。正月，七子握生。
崇寧元年壬午，公五十歲。官御史，出知和州。
二年癸未，公五十一歲。官和州。
三年甲申，公五十二歲。官和州。歲餘，管勾南京鴻慶宮。

四年乙酉，公五十三歲。任鴻慶宫，居太平州。
五年丙戌，公五十四歲。仍居太平。
大觀元年丁亥，公五十五歲。仍居太平。
二年戊子，公五十六歲。仍居太平。
三年己丑，公五十七歲。仍居太平。
四年庚寅，公五十八歲。仍居太平。
政和元年辛卯，公五十九歲。仍居太平。兩乞再任，知漢陽軍。
二年壬辰，公六十歲。官漢陽。
三年癸巳，公六十一歲。官漢陽。
四年甲午，公六十二歲。官漢陽。以親老，再乞宫祠，除提點成都府長生觀。
五年乙未，公六十三歲。仍提點長生觀。七月，丁太碩人憂，解官居制。
六年丙申，公六十四歲。在制。
七年丁酉，公六十五歲。十月，服闋，除知舒州。
重和元年戊戌，公六十六歲。官舒州。
宣和元年己亥，公六十七歲。官舒州，移知濠州。
二年庚子，公六十八歲。官濠州，不數月，會從官謫守衝，罷歸。寓歷陽，因家焉。

五年癸卯，公七十一歲。五月乙亥二十三日，以疾終於正寢。十二月丙午，用公治命，與夫人呂氏合葬於和州戰國屬楚，秦歷陽縣，晉歷陽郡，後齊和州，隋、唐或歷陽郡，或和州，宋因之。含山縣車轅嶺之原，遂改名察院嶺。文靖楊公誌其墓。

諸儒論述

程明道先生曰：「建州游酢非昔日之游酢也。固是穎然，資質溫厚，南劍州楊時雖不逮酢，然煞穎悟。」

「游酢於《西銘》讀之，已能不逆於心。言語之外，別立得這箇義理，便道一作到。中庸矣。」

「新進游、楊輩數人入太學，不惟議論穎異，且動作亦必有異。故爲學中以異類待之，又皆學《春秋》，愈駭俗矣。」

「觀太學諸生數千人，今日之學，要之亦無有自信者。如游酢、楊時等二三人游其間，諸人遂爲之警動，敬而遠之。」

「游酢、楊時是學得靈利高才也。」

謝上蔡曰：「昔在二先生門下，伯淳最愛中立，正叔最愛定夫，觀二人氣象亦相似。」

《上蔡語録》云：「游子問謝子曰：『公於外物，一切放得下否？』謝子謂胡子曰：『可謂切問矣。』胡子曰：『何以畣之？』謝子曰：『實向他道，就上面做工夫來。』胡子曰：『如何做工夫？』謝子曰：『凡事須有根。屋柱無根，折卻便倒；樹木有根，雖翦枝條，相次又發。如人要富貴，要他做甚，必須有用處。尋討要用處，病根將來斬斷便没事。』」

楊龜山曰：「游酢曰：『能戒謹於不覩不聞之中，則上天之載可循序而進矣。』子曰：『是則然矣。雖然，其序如之何？循之又如何也？荀卿曰「始乎爲士，終也爲聖」，其言是也，而曰「性者惡也，禮者僞也」，然則由士而聖人者，彼亦不知其所循之序矣，可不深思而謹擇乎？』」尹和靖云：游定夫酢問伊川曰：「戒慎乎其所不睹，恐懼乎其所不聞，便可馴致於無聲無臭否？」伊川曰：「固是。」後謝顯道良佐問伊川如定夫之問，伊川曰：「雖即有此理，然其間有多少般數？」謝曰：「既云可馴致，更有何般數？」伊川曰：「如荀子謂『始乎爲士，終乎爲聖人』，此語有何不可，亦是馴致之道，然他卻以性爲惡。桀紂，性也；堯舜，僞也。似此馴致便大錯了。」又云：游定夫問伊川：「戒慎乎其所不睹，恐懼乎其所不聞，及其至也，至於無聲無臭乎？」伊川曰：「馴此可以至矣。」後先生與周恭叔以此語問伊川，伊川曰：「然其間亦豈無事？」恭叔請問，伊川曰：「如荀子云學者『始乎爲士，終乎聖人』，可以明之。」

《語録》云：定夫一日來訪，中立曰：「適從何來？」定夫曰：「某在春風和氣中，坐三月而來。」問其所之，乃自明道處來也。試涵泳春風和氣之言，則仁義禮智之人，其發達於聲容色理者，如在目中矣。

侯師聖曰：朱公掞見明道於汝，歸謂人曰：「光庭在春風中坐了一箇月。」游、楊初見伊川，伊川瞑目而坐，二子侍立。既覺，顧謂曰：「賢輩尚在此乎？日既晚，且休矣。」及出門，門外之雪深一尺。

游定夫忽自太學歸蔡，過扶溝，見伊川。伊川問：「試有期，何以歸也？」定夫曰：「某讀《禮》，太學以是應試者多，而鄉舉者實少。」伊川笑之，定夫請問。伊川曰：「是未知學也。豈無義無命乎？」定夫即復歸太學，是歲登第。

胡康侯曰：「宋嘉祐中，有河南二程先生得孟子不傳之學於遺經，以倡天下，而升堂覩奥，號稱高弟，在南方則廣平游定夫、上蔡謝顯道、龜山三人是也。」

「昔事定夫先生，未嘗以言色相假。」

時紫芝曰：「朝廷議授游定夫以正言，蘇右丞沮止，毁及伊川。宰相蘇子容曰：『公未可如此。頌觀過其門者無不肅也。』」

晁氏曰：「游定夫問伊川『陰陽不測之謂神』。伊川曰：『賢是疑了，問是揀難底問。』」

朱子曰：「游定夫德性甚好。」

「游定夫徽廟初爲察院，忽申本臺乞外。如所請，志完駭之。定夫云：『公何見之晚？如公，亦豈能久此？』」

「宣和之末，人憂大厦之將顛，或問游定夫以當今可以濟世之人，定夫曰：『陳了翁其人也。』」一作「酢曰：『四海人才不能周知，以所識知，陳了翁其人也。』」

「游、楊諸公，皆才高又博洽，略去二程處參較所疑及病敗處，各能自去求。雖其説有疎略處，然皆通明，不似兼山輩立論可駭也。」

真西山曰：「昔游先生見《西銘》，即涣然不逆於心，曰：『此《中庸》之理也。』明道先生稱其能求之語言之外，近世學者或未喻其旨。愚謂《中庸》綱領在性、道、教三言，而終篇之義無非教人以全天命之性。《西銘》綱領亦只在其體、其性之二言，而終篇反復推明，亦欲人不失乾父坤母之所賦予者，爲天地克肖之子而已。故游先生以爲即《中庸》之理也，豈不信哉！」

魏鶴山曰：「周子奮自南服，超然獨得，以上承孔、孟氏垂絶之緒。河南二程子神交心契，相與疏瀹闡明，而聖道復著，曰誠，曰仁，曰太極，曰性命，曰陰陽，曰鬼神，曰義利，綱條彪列，分限曉然。學者始有所準的，於是知身之貴，果可以位天地、育萬物，果可以爲堯舜、爲周公仲尼，而其求端用力，又不出乎暗室屋漏之隱、躬行日用之近，亦非若異端之虚寂、百氏之支離也，相與翕然宗之，張、楊、游、吕、侯、謝、尹、張諸儒，口傳面授。至近世，朱、吕推而大之。蓋自道湮民散，千有五六百年而後得所師承，嗚呼幸哉！」

游定夫先生集卷一

論語雜解

按《墓誌》云先生著《〈論語〉〈孟子〉雜解》各一卷，其後朱子編輯《論孟精義》採入之，又爲《論孟或問》以論定其得失，其極純無疵者則入于《論孟集註》中。今先生裔孫文遠所刻《廌山集》，蓋從《論孟精義》中録出者。予觀朱子《中庸輯略》于先生之言頗有删節，則《精義》中亦未知盡先生之全文否也。然無可攷，姑仍其舊，而附注朱子《或問》論游氏之言于下，庶學者知所折衷云。

學而時習之章

理也，義也，人心之所同然也。學問之道無他，求其心所同然者而已。「學而時習之」，則心之所同然者得矣，此其所以説也。故曰「理義之説我心，猶芻豢之説我口」。今試以吾平居之學驗之。若時習於禮，則外貌無斯須不莊不敬；時習於樂，則中心無斯須不和不樂。無斯須不莊不敬，則慢易之心無自而入，而本心之敬得矣。無斯須不和不樂，則鄙詐之心無自而入，而本心之和得矣。「時習之」，則時有得矣。時有得矣，其爲悦可勝計哉？流水之爲物也，不盈科不行。君子之志於道也，不成章不達。故積於中者厚，然後發於外者廣；得於己者全，然後信於人者周。「有朋自遠方來」，則發於外者既已廣，信於人者既已周矣。

非夫積厚於中、得全於己者，曷至是哉！ 此其所以樂也。 孟子曰：「令聞廣譽施於身，所以不願人之文繡也。」夫聞譽施諸身，則美在其中而暢於四支，夫豈借美於外哉？ 惟不借美於外，則志願在我，而世之所可願者屏焉，其爲樂也烏可已耶？ 蓋君子非樂於朋來也，樂其聞譽有以致之也；非樂其聞譽也，樂其美在其中而暢於四支，有以致聞譽也。 然求爲可樂者，亦反諸身而已矣。「不知命，無以爲君子也。」蓋不知命，則行險以徼倖，將無所不至，其趨於小人也，孰禦焉？ 尚何以爲君子乎？ 若夫尊德樂義之士，囂囂自得，不怨天，不尤人，遯世無悶，不見是而無悶，非君子成德，孰能至於是哉？ 故曰「人不知而不慍，不亦君子乎」，語成德也。 不然「不念舊惡，怨是用希」，與夫「遺佚而不怨，阨窮而不憫」者，何以稱夷、惠？ 説也，樂也，君子也，言其義則然。 若夫所以説、樂，所以爲君子，則在於學者之心得。 譬之飲食之美也，借使易牙日譽於前，而已不預饗焉，終不足以知味。 時習於禮，則外貌無斯須不莊不敬，時習於樂，則中心無斯須不和不樂，且將日進於理義之地矣，故説；內足以成己，外足以成物，君子所謂三樂者，內外兩得矣，故樂。 學而至於樂，則在我者無憾矣，宜其令聞廣譽四馳也，而人有不知焉，是有命也。 不知命，無以爲君子也。 今也「人不知而不慍」，則非成德之士安於義命者不能爾也，謂之君子。 按《論語或問》曰：「游氏所謂成物者爲近之，但必引三樂以爲言，則又墮于假借之病耳。」

其爲人也孝弟章

「事親孝，故忠可移於君；事兄弟，故順可移於長」，孝弟者，忠順之資也。 其不足於忠順者寡矣。 故孝弟之人，鮮好犯上。至於不好犯上，則忠順足於己，而悖逆之氣不萌於中矣。若是者，其事君必如其親，憂國必如其家，愛民必如其子。固足以禦亂矣，曾何作亂之有？故曰「不好犯上，而好作亂者，未之有也」。木漸於上，水漸於下，有本者如是。故君子之道，亦務本而已矣。孝弟也者，置之而塞乎天地，溥之而横乎四海，仁此者爲仁，履此者爲禮，宜此者爲義，信此者爲信，順此者爲樂，兹非仁之本與？知孝弟爲仁之本，則「本立而道生」之説見矣。按《論語或問》曰：「游氏説『不好犯上作亂者』，得之；其論『爲仁之本』則失程子之意矣。」

巧言令色章

仁者，誠而已矣，無僞也，何有於巧言？仁者，敬而已矣，無諂也，何有於令色？巧言入於僞，令色歸於諂，其資與木訥反矣，宜其「鮮於仁」也。使斯人之志在於巧言令色而已，則孔子所謂「朽木」、「糞牆」，孟子所謂「鄉原」，終不可以入德。使其人之志在於善而失其所習，則猶可以自反，此聖人所以不絶其爲仁而止言其鮮也。然則仲尼之惡「令色」也如此，而詩人以美仲山甫，何也？蓋詩人之所謂令色者，與仲尼之意異。善觀《詩》者，以意逆志可也。按《論語或問》曰：「游氏大抵不切，而其所謂誠、敬、僞、諂者，名義皆若未當。」朱子又嘗曰：「孔子之意，正指人爲巧言令色之時，其心已不存耳。若能自反，則豈不足以爲仁，又豈止於鮮仁耶？游氏此説無病，只是不凑著本文正意。」

吾日三省吾身章

考曾子之學，主於誠身，則其操心宜無不忠，其立行宜無不信，而處己者無憾矣。慮其所以接人者，或入於不忠不信而不自悟也，故日三省其身焉。省之如此，其固則有不善未嘗不知、知之未嘗復行者，庶乎可以跂及矣。然此特曾子之省身者而已。若夫學者之所省，又不止此：事親有不足於孝，事長有不足於敬歟？行或愧於心，而言或浮於行歟？欲有所未窒，而忿有所未懲歟？推是類而日省之，則曾子之誠身庶乎可以跂及矣。古之人所謂夜以計過，無憾而後即安者，亦曾子之意。曾子於正心誠意之道，宜無須臾忘也。惟以應物之際，恐或失念而違仁。故日所省者三事而已。按《論語或問》曰：「游説雖非曾子之事，然深有警於學者。但以處己接人、正心應物分而爲二，則失之耳。蓋閒居獨處，固有所謂不動而敬、不言而信者，今曰立行無不信，則固以其循物無違者言之，而無不言不動之謂也。豈有接人之際猶有不忠不信之累，而遽可謂之立行無不信、處己無可憾者乎？就使其立行之云，或出於一時立言之差，而失其本章之所謂，則誠內形外初無二致，未有正心處己無不忠信，至於內省一無可憾，接人之際反入於不忠不信而自不悟者也。至於正心誠意，則又初無專於內而不通乎外之限，且既曰無須臾忘矣，則動静語默無一息之或違也。❶若應物之際，又遽失念如違仁，則其所省正心誠意無須臾忘者，又安在耶？細考其説，似未免於老、釋之弊，惜乎其篤於爲己而擇之不精以至此也。」

---

❶「則」，原脱，今據《論語或問》補。

道千乘之國章

「道」之爲言，未及治也，猶《書》所謂「引養引恬」而已，馬融謂「爲之政教」者近之矣。「敬事而信」，德教以道之也。「節用而愛人，使民以時」，政事以道之也。有德教以道之，則尊君親上之心篤；有政事以道之，則勸功樂事之意純。有國之道，何以加此？蓋敬朝覲之事，則君臣嚴；敬冠昏之事，則男女别；敬喪紀之事，則民知哀死而慎終；敬祭祀之事，則民知報本而追遠。事之所在，無所不用其敬焉，則民孰有不敬者哉？一號令之出也，一期會之時也，一賞罰之用也，一嚬笑之形也，無所不用其信焉，則民其有不信者哉？由是道而誠於心，則有虞氏未施信於民而民信之，夏后氏未施敬於民而民敬之者，亦久於斯道而已。雖然，知敬事而已，未及乎信，則慢令而致期，非所以孚民。知信而已，未及乎節用，則侈費而傷財，非所以裕國。知節用而已，未及於愛人，則將吝細而少恩，非所以厚下。知愛人而已，不知使民以時，則將輕用其力，輕奪其務，非所以養民。知是五者，而瀘度加焉，則治人之道足矣。當孔子時，斯道也將亡矣，故亟言之，使道之以道，則於瀘度乎何有？按《論語或問》曰：「游氏引養引恬之説，似以道爲引導之義，然與孔氏《書傳》不合，豈新義之云耶？然下文五者亦非引導之事，其説不得通矣。」

弟子入則孝章

入孝而出弟，身謹而言信，處衆而汎愛，交友而親仁，君子之務，此其本也。有所未能，則勉爲之；有所未至，則力致之。待其有餘也，然後從事於文，則其文足以增美質矣。猶木之有本根也，然後枝葉爲之芘覆。苟其無本，則枝葉安所附哉？夫文者，《詩》、《書》、《禮》、《樂》之謂也。《詩》者，言此情而已。《書》者，述此事而已。《禮》者，體此而已。《樂》者，樂此而已。使其孝不稱於宗族，其弟不稱於鄉黨，交遊不稱其信，醜夷不稱其和，仁賢不稱其智，則其文適足以滅質，其博適足以溺心，以爲禽犢者有之，以資發塚者有之，託真以酬僞、飾姦言以濟利心者往往而是也。然則無本而學文，蓋不若無文之愈也。是以聖人必待行有餘力，然後許之以學文，不然，固有所未暇也。後之君子，稍涉文義則沾沾自喜，謂天下之美盡在於是，或訾其無行，則驁然不顧；或詆其不足，則忿疾如深讐，亦可謂失羞惡之心矣，烏知聖人之本末哉？按《論語或問》曰：「游氏之敷陳詳盡，有以深究後世棄本逐末之弊。」又按吴伯豐問：「古之所謂學文者，非弄翰墨、事詞藻，如後世之所謂文也。蓋無非格物致知、修己治人之實事。故既學，則必有以究義理之端，而趨於聖賢之域矣。然則文以滅質，博以溺心，以爲禽犢，以資發塚，託真以酬僞，飾奸言以濟利心，古之學者豈有是哉？游氏之説有激而云耳，然抑揚太過，併古之所謂學文者與後世等而視之，不得不辨也。」朱子曰：「古之學文固與今異，然無本領而徒誦説，恐亦不免真如游氏之譏也。」

賢賢易色章

「天下之達道五：君臣也，父子也，夫婦也，昆弟也，朋友之交也。」先王之時，在上者舍是無以教，在下者舍是無以學。故孟子曰：「學則三代共之，皆所以明人倫也。」今能「賢賢易色，事父母能竭其力，事君能致其身，與朋友交，言而有信」，則其於人倫厚矣。學之爲道，何以加此？「雖曰未學，吾必謂之學矣。」仲尼之門，子夏以文學名，而其言如此，則知古之所謂學者，在本而不在末。故《學而》一篇大抵皆在於務本。按《論語或問》曰：「此章諸説，程子、游氏、尹氏爲優。」

君子不重章

「正其衣冠，尊其瞻視，儼然人望而畏之」，此君子之重而威也。重而威，則德性尊矣。故君子日就，小人日遠。由是而學，其思之必精，其行之必篤，其問之必周，其聽之必專。入乎耳，著乎心，此德全而學固矣。反是，則言招憂，行招辱，貌招淫，好招辜，何威之有？道聽而途説者有之，一心以爲有鴻鵠將至者有之，何固之有？忠信所以進德也，如甘之受和，白之受采。故善學者，其心以忠信爲主。不言則已，言而必忠信也，故其言爲德言。不行則已，行而必忠信也，故其行爲德行。止而思，動而爲，無時而不在是焉，則安往而非進德哉！故爲仁不主於忠信，則仁必出於姑息；爲義不主於忠信，則義必出於矯抗。操是心以往，則禮必出於足恭，智必出於行險，安往而非敗德哉，而何進德之有焉？譬之欲立數仞之牆，而浮埃聚沫以爲基，亦没世不能立矣。故主忠信者，學者之要言也。孟子之論「尚友」也，以一鄉之善士爲未足，而求之一國；以一國之善士爲未足，而求之天下；以天下之善士爲未足，而求之古人。「無友不如己者」，尚友之道也。求得賢者，尚而友之，則聞其所不聞，見其所不見，而德日起矣。此仲尼所以期子夏之日進也。孔子曰：「過而能改，善莫大焉。」蓋能改一言之過，則一言善矣；能改一行之過，則一行善矣。若過而每不憚改者，其爲善可勝計哉？然則君子之道，以威重爲質，而以學成之。學之道，必以忠信爲主，而以勝己者輔之。雖然，使其或吝於改過，則賢者未必樂告以善道。故以「過則勿憚改」爲終焉。按《論語或問》曰：「此章之説，惟游氏爲無病。」

慎終追遠章

終者，人所易忽也，而慎之。遠者，人所易忘也，而追之。厚之道也。按《論語或問》曰：「或問九章之説。曰：『程子、游氏善矣。』」

父在觀其志章

「三年無改於父之道」，若堯、舜、文、武之道，雖行萬世，不可改也，何止三年？若武帝權利之政、德宗宫市之事，昭帝、順宗不踰年而改之，天下後世不以爲非者，何待三年？今言無改於父之道，則在所當改而可以未改也，人君、士大夫皆當如此。居喪之制，有不言而事行者，有言而後事行者，有身自執事而後行者，此尊卑之等也。如以爲聽於冢宰爲嫌於改父之道，則孔子所謂古之人皆然者，豈爲其父皆有可改之道乎？蓋銜恤之道當然。按《論語或問》曰：「此章游氏之説得其制事之宜。」又《語類》云：「三年無改，惟尹氏所謂孝子之心有所不忍者，最爲慤實。而游氏所謂在所當改而可以未改者，斟酌事理，尤得其當。」又曰：「游氏謂『在所當改而可以未改』者，此正是説得謹密處，聖人之意亦是如此。」又曰：「諸説惟游氏説得好，深味之，孝子之心可見。」

君子不器章

「形而上者謂之道，形而下者謂之器。」君子體夫道者也，故不器。不器則能圓，能方，能柔，能剛，非執方者所與也。按《論語或問》曰：「范氏大意亦善，其語意繁雜，其引形而上下之云，亦無所當於此章之意矣。且聖人教人，先盡其小者、近者，而後進夫遠者、大者，但君子不溺其心，於是而有以貫通之焉耳。若曰以道爲本，而忘夫小者近者，則是離物以求道，而又爲子游之譏子夏也。必以形而上下爲言，則聖人亦豈教人以遺器而取道者哉？游氏意亦類此，而語涉老、莊，則尤虚泛而不實矣。」

學而不思則罔章

多識前言往行，而考古以驗今者，學也。耳目不交於物，而悉心以自求者，思也。思則知敬以直内而中有主，學則知義以方外而外有主。學而不思，則所學者不能以爲己，故罔。罔者，反求諸己而無實也。思而不學，則所思者不足以涉事，故殆。殆者，應於事而不安也。按《論語或問》曰：「游氏之説，則所謂思者，非以思夫義理之所在，特兀然癡坐，如釋子禪觀之爲耳。以罔爲不能爲己而無實，殆爲不足以涉事而不安，亦皆生於思字之失，遂疑學非爲己之事，思有遺物之蔽，而不悟聖人所謂學與思者，初不在於是也。」

子張學干禄章

行於己而爲行，故「慎行」則「寡悔」，悔在心也。應於物而有言，故「慎言」則「寡尤」，尤在事也。《易》之言「無悔」者，本諸心也，故於行己者言寡悔。言「無尤」者，涉於事也，故於應物者言寡尤。《咸》、《同人》、《復》、《大壯》「無悔」，《賁》、《鼎》、《蹇》、《旅》、《大畜》「無尤」，非謂言可以有悔已。按《論語或問》曰：「游氏尤字之説不若程、張之安。」

人而無信章

人而無信，以輗、軏爲喻，何也？曰：忠信所以進德。而義也，禮也，以信成之，人而無信，則中無所主矣。以之爲仁，則蹩躠而已，以之爲義，則踶跂而已，爲智則誣，爲禮則僞，無所施而可也。輗、軏，大車小車所恃以行者也；而有信，則大德小德所資以進也。故輪輿雖備而無輗、軏，則有車之名而無運行之實。人而無信，則雖居之似忠信、行之似廉潔，終不可入堯、舜之道。故其喻如此。按《論語或問》曰：「游氏以中有主爲言，亦非文義。夫言而有信，夫子固常言之矣，曷爲其必舍此而務鑿焉以爲深乎？且其曰大德小德所由以進之屬，皆欲就車取義，亦大泥矣。聖人之言，如天地之生萬物，豈若是其諓諓拘拘也。」

孔子謂季氏章

人臣僭國君之禮，是無君也；陪臣僭天子之禮，是無王也。季氏以八佾舞，其心遂無王矣。是將拔本塞源、冠履倒施、滅天理而壞人倫矣。此而可忍，孰不可忍也？

人而不仁章

人而不仁，則人心亡矣。以事父，必不孝，其如父子之禮何？以事君，必不忠，其如君臣之禮何？在宗廟之中，上下同聽之而和敬，彼且不敬，其如宗廟之樂何？在族黨之中，長幼同聽之而和順，彼且不順，其如族黨之樂何？是其爲禮也必僞，而慢易之心入之矣，豈足以治躬？其爲樂必淫，而鄙詐之心入之矣，豈足以治心？按《論語或問》曰：「呂氏以下，皆祖程説，而游氏、周氏尤爲詳盡。」又《語類》：「問：『游氏曰「人而不仁，則人心亡矣」，如何？』曰：『此説好。』」

或問禘之説章

祭祀之義，非精義不足以究其説，非體道不足以致其義。蓋惟聖人爲能饗帝，爲其盡人道而與帝同德。惟孝子爲能饗親，爲其盡子道而與親同心也。仁孝之至，通乎神明，而神祇祖考安樂之，則於郊社之禮、禘嘗之義，始可以言明矣。夫如是，則於爲天下國家也何有宜乎？衆人所不得聞也，故「或問禘之説」，孔子奮之曰：「不知也。」其曰「『知其説者之於天下，其如示諸斯乎！』指其掌」，則又以明其不可不知也。是禮也，《中庸》兼郊、社、禘、嘗言之，其説亦當如此。古人之所謂「通乎一，萬事畢」也，《論語》特因或人之問而發之，故止及禘之説耳。成王自謂「予沖子，夙夜毖祀」，蓋「雝雝在宫、肅肅在廟」者，文王純德之容，而曾孫篤之，所以致太平也。若言禘大禮，其義衆，恐非其質也，恐與《中庸》意異。按《論語或問》曰：「禘章諸説皆善，而各得其一偏。游氏得其仁孝誠敬之心，此其説之善者也。然兼郊社禘嘗言之，其義雖廣，而於此章之旨，則不若程子、吕氏之專也。」又《語類》曰：「此處游氏説得好，子細看方知不是空言。」

關雎樂而不淫章

常情之哀樂，皆出於私意，故其樂必淫于己，其哀必傷于人。《關雎》之樂，在于得淑女，則異乎人之樂也，故不淫其色；其哀在于思賢才，則異乎人之哀也，故無傷善之心。先王之用心憂樂，以天下而已，故太姒所以宜爲文王之配。按《論語或問》曰：「游氏既引《序》文，乃不用程子之説，而祖鄭氏、王氏之義。」

子謂韶盡美矣章

王者功成作樂，《韶》、《武》之盡美，以其功言之也。如觀其成功，則二聖人之樂皆無餘美。乃若所遇之事，所以致功者，舜以紹堯而爲《韶》；武以滅商而爲《武》，豈可同日而語哉？觀成湯之有慚德，則《武》之用心可知矣。故「盡美」者其功也，「未盡善」者其事也。猶之周公東征四國，是皇是時，周室幾再造矣，其功顧不大哉？至於致辟管叔於商，豈其所欲乎？《武》之未盡善，其事類如此矣。按《論語或問》曰：「游氏之説亦善，而於美善二字辨析尤有功。」

惟仁者能好人章

好善而惡惡，天下之同情也。然好惡每失其實者，心有所繫而不能克己也。惟仁者宅心于大中至正之地而無私焉，故好惡非我，遵王之道路而已。知及之，仁或未足以守之，則不足以與此。故言唯仁者爲能。按《論語或問》曰：「游氏之説則善矣，但以『仁者爲宅心於大中至正之地』，則是仁者之心，初不中正，而大中至正云者，又自爲一處，必以此心納於彼處，而後得爲無私也而可乎？且宅心之云，見於《書》者，與上云克知、三有、宅心者，宜爲一説，今之説者，疑已失之，然不過曰有以居是心，而不爲事物侵動耳，豈曰宅此心於一處哉？」「又問：『游氏所謂「智而未仁，則不足以與此」，何如？』曰：『知及之矣，而不足以與此者，非謂懵然不知所好惡也。私意人欲一有介乎其中，則雖好惡之不差，而其輕重淺深之間，必不能無毫髮之偏者，此所以必仁者而後能也。』」

富與貴章

富與貴，非其道得之，則君子不處，以有義也。君子，宜富貴者也，今至於貧賤，是不以其道得之也。然而不去者，以有命也。此皆爲君子言之。故主彌子瑕而得卿，孔子不爲也。「君子去仁」，則君非君，子非子矣，安所成其名？「無終食之閒違仁」，言「造次」、「顛沛」必依於仁，雖終食之頃不違也。如以飲食必有祭，則僧家出生皆可以爲不違仁矣。可驗其學不在己。按《論語或問》曰：「或以飲食必祭爲言，與此若無異者，而游、楊皆斥其陋，何也？曰：是其説有二焉：若曰祭而必敬，則不違仁之一事也，游、楊何譏焉？若但以其不忘本而加恩惠焉以爲仁，則信乎其陋矣。然推本而言，則制禮者之於此，固亦其仁之發，但不可專以此爲仁耳。」

參乎吾道一以貫之章

夫道，一而已矣。「天地一指也，萬物一馬也」，無往而非一，此「至人」所以「無己」也，豈參彼己所能預哉？此忠恕所以違道，爲其未能一以貫之也。雖然，忠所以盡己，恕所以盡物，則欲求人道者，宜莫近於此，此忠恕所以違道不遠也。子曰：「參乎！吾道一以貫之。」曾子曰：「唯。」使曾子之知不足以及此，則仲尼不以告，而曾子不自誣。今曰「忠恕而已」者，所以告門人也。孟子曰「萬物皆備於我矣，反身而誠，樂莫大焉」，此仲尼告曾子之道也。「强恕而行，求仁莫近焉」，此曾子告門人之道也。然則曾子豈有隱于是耶？蓋門人智不足以及此，而强告之，適足以滋其惑。使門人誠于忠恕，則于一道亦何遠之有？子曰「吾與回言終日，不違，如愚」，又曰「語之而不惰」，又曰「於吾言無所不説」，則其師資之際，朝夕相與言而默契於道者，宜不少矣。而《論語》所載，止於問爲仁、問爲邦而已，則其所不載者，皆二三子所不得聞也。由此觀之，則仲尼、曾子所以授受者，門人所不得聞。而所以告門人者，不過忠恕而已。此曾子所以爲善學而善教者也。按《論語或問》曰：「夫孔子之所謂一貫者，非曰貫彼我而一之也，亦曰其所以酬酢應變者，雖千變萬化，而未嘗不一也。今游氏以天地一指、萬物一馬，至人無己論之，則既失其旨矣，而又皆出乎異端之説，其擇焉而不精，亦甚矣哉！又謂『忠恕未免乎違道』，則又未察乎『違道不遠』云者，正以其自是而之道也。『不遠』云爾，豈背道之謂哉？又謂『恕爲盡物』，則恕其足以盡物矣，而恕之所以得名者，正自其未盡而足以盡者名之也。又謂『反身而誠』爲一貫之事，亦非也。反身而誠，方謂反求諸身，而萬理無不足耳，未及乎推以及物，而無所不當之大也。又謂『仲尼、曾子所以授受，門人有不得聞者』，亦非也。夫師弟子相與處於一堂之上，其可爲呫囁耳語以私於一人哉？特學至者聞之而有得，其未至者雖聞而若弗聞耳。故門人之問，以何謂爲辭，則固聞其言而不曉其所謂者也。若初不聞，則又豈得而筆之於書耶？」

夫子之文章章

孟子曰：「仁之於父子，義之於君臣，至聖之於天道，命也。有性焉，君子不謂命也。」論性之妙，而與於天道，雖聖人有所不能知焉，况子貢乎！聞即是知，可得而聞者，可以與知之謂也。不可得而聞者，亦有所不能知之謂也。按《論語或問》曰：「游氏以性與天道爲有精粗之别，而謂夫人論性之妙則預於天道，而雖聖人有所不知，非但子貢不得聞也。非但不成義理，而亦不成文辭。且聖人既不能知矣，又若何而能論之耶？亦不待辨説而知其不通矣。」

顔淵季路侍章

孔子之道，修于家，行于鄉，施于國，達于天下，亦不過使「老者安之，朋友信之，少者懷之」而已。蓋使天下之爲子者，皆致其孝，然後老者莫不安之矣。使天下之爲父者，皆致其慈，然後少者莫不懷之矣。使天下之爲朋友者，皆先施之，然後朋友莫不信之矣。此所以爲孔子之志。其辭雖若自抑，而非盛德之善治於人心者，亦不足以與此。按《論語或問》曰：「游氏之説則亦太支離矣。」

仲弓問子桑伯子節

子桑伯子之「可」也，以其「簡」。若主之以敬而行之，則簡爲善。按《論語或問》曰：「居敬而行簡者，自然理得而不煩之謂，亦非有所略也。有所略，則與不事事者無以異矣。游氏語若有未密者。」

哀公問弟子章

「不遷怒」者，怒適其可而止，無溢怒之氣也。《傳》所謂「室於怒而市於色」者，遷其怒之甚者也。不遷怒，則「發而中節」矣。喜怒哀樂，不可無也，每思要發皆中節之爲難耳。文、武一怒而安天下之民，則何惡於怒哉？《記》曰「心有所忿懥，則不得其正」，今至於不遷怒，則於正心之學可謂自强矣。「不貳過」者，一念少差而覺之蚤，不復見之行事也。蓋惟聖人能寂然不動，故無過。顏子能非禮勿動而已，故或有不善，始萌於中，而不及復行，是其過在心，而行不貳焉，則於修身之學可謂自强矣。正心以修身，自彊而不息，❶此孔子所謂「好學」，而顏子所以「三月不違仁」也。若夫絶學者，則心無所於正，身無所於修，暖然似春，凄然似秋，天德而已矣。此聖賢之辨也。按《論語或問》曰：「游氏不遷怒之説，亦程子之意，而其論不貳過，則猶范氏之云也。又以『聖人寂然不動故無過』，然則謂凡有動者皆過也而可乎？至以不遷不貳，爲有正心修己之别，則説益以支矣。又概以能自强

---

❶「自」，原脱，清抄本亦脱，今據《四庫》本補。

者語之，則於顔子之事亦無所當也。夫顔子之賢，利仁蓋不足以言之，又何自强之有哉？所謂『絶學』，亦老氏之語，若聖人，則固不待學，然亦未嘗絶學也。」

子華使於齊章

「餼廩稱事」，所以食功也。今原思爲之宰而辭禄不受，則食功之義廢矣。蓋義所當得，則雖萬鍾不害其爲廉。借使有餘，猶可以及鄰里鄉黨。蓋鄰里鄉黨有相賙之義。按《論語或問》曰：「游氏食功之説支矣，而其於相賙之説則得之。」

回也其心三月不違仁章

仁，人心也，不可須臾離也。猶飢之於食，渴之於飲，一日闕之，則必顛仆餓踣而殞命矣。人心一日不依於仁，則不足以爲人焉。仲尼嘗歎曰：「有能一日用其力於仁矣乎？」當時之人，不能一日用其力於行仁，又安得以仁存心三月之久如顔子哉？違者對依而言之，不違則心常依於仁矣。按《論語或問》曰：「游氏以仁爲人心，則仁之與心非二物矣；然曰不可須臾離，而謂人心不可一日不依於仁，則心之與仁，又爲二物，而或相離或相依也。且以仁存心，亦豈不違仁之謂耶？」

賢哉回也章

非樂簞瓢陋巷也，不以貧窶動其心、改其樂也。知其所樂，則知其不改。

人之生也直章

直者，循理之謂也，惟其循理，故能盡生之經，與直養之直同。至於姦罔，則去直也遠矣。按《論語或問》曰：「游氏以循理爲直，生爲盡生之經，以經之本文與程伯子之説推之，則皆有所未合。蓋生理本直，不待人順之而後得直之名，若至大至剛以直之，直亦氣之本然，不待人以直養之而後得此名也。盡生之經，所以能保其生存之道也，於經之文，亦無所當。」

知者樂水章

仁者安仁，得於所性之妙，不逐末，不忘本，不逐僞以喪真，不殘生以傷性。可以保身，可以養生，可以盡年，故享年、享國皆可長久，若堯、舜、文王皆度越百歲是也。

齊一變章

齊雖彊大，經威公一變而爲霸，則王道不復存焉。魯雖削弱，而周公之瀍則猶在。有王者作，取瀍於魯，則文、武之道翕然丕變矣。

志於道章

「志於道」者，念念不忘於道也。念念不忘，則將有以「宅心」矣。宅心於道者，無思也，「惟精」也；無爲也,「惟一」也。「惟精」則無偏,此道之大中;「惟一」則無變,此道之大常。堯授舜,舜授禹。至於「允執厥中」,則志於道之效也。「據於德」者,止其所而自得也。自得於己,無待於外,則有以勝物,而其固,萬物莫足以傾之;獨立不懼,而其守,舉世莫得以易之,則所據之地可謂之闢且久矣。孟子所謂「富貴不能淫,貧賤不能移,威武不能屈」,則據於德之效也。據於德,所以體道也。「依於仁」,出入、起居、視聽、食息,無時而違仁也。仁者,人也,人之成位乎天地之間,以其仁而已。不然,則皇皇然無所依矣。猶之父者,子之天也,而子依之;夫者,妻之天也,而妻依之,不得而違也。君子依乎中庸,亦若是而已,爲中庸之不可須臾離也。依者,違之反也。顔子三月不違仁,則依於仁之效也。依於仁,所以成德也。義,宜此者也;禮,體此者也;智,知此者也。故曰:「人而不仁如禮何?人而不仁如樂何?」是故君子依於仁而足矣,非謂倚一偏也,孰謂三月不違仁,而又不足於義乎?「道」者,天也,故言「志」。「德」者,地也,故言「據」。「仁」者,人也,故言「依」。

至於「游於藝」,則所以閑邪也。蓋士志于道,苟未至於縱心,則必有息游之學焉。《傳》曰:「張而不弛,文、武不能也。」「不有博弈者乎?爲之猶賢乎已。」夫博弈,固惡矣,而其惡止於博弈。若飽食終日,無所用心,則心之放逸,熱焦火而寒凝冰,何所不至哉?是以聖人寧取於博弈也,況六藝之正乎?故游於禮,所以防其躁也;游於樂,所以導其和也;游於射,所以正内志而直外體也。御也,書也,數也,亦若是而已,是皆操心之術也。先王之時,自幼子常示無誑,六歲學方名,十年學幼儀,十三舞《勺》,成童舞《象》,以至於灑埽、應對、進退,無非學者。庸詎知大人不失赤子之心,不緣是而得乎?故游於藝,所以守仁也。本末、内外,交進而不遺,則於宅心而執厥中,亦何患於弗克哉?按《論語或問》曰:「游氏念念不忘之説善矣,而以其下文所論推之，則所指以爲道者，則恐其未免於老、佛之餘也。志者，有思之主而有爲之端也，若之何以無思無爲當之？而無思無爲，又豈惟精惟一之謂耶？至以精一分管中庸，亦無是理。堯、舜、禹皆自誠而明者，而允執厥中，乃時中之中也。今曰三聖執中，皆志道之效，其亦不可曉矣。以據德爲止其所而自得，亦於彼此文義皆有所不合。蓋此所謂『據於德』者，守其所得之德耳，非以有所據而後有所得也。若《易》所謂『止其所』者，亦曰止於其所當止之所而已，豈固守不動之謂哉？以依仁爲不違仁者善矣，然謂『不仁則皇皇然無所依』，則非文義也。蓋所以依於仁者，正謂其未得於仁，而欲其依於是耳，非謂既仁而後有所依也。且其依之，亦反諸乎身而去其不仁者而已，非若子之依父、妻之依夫，雖曰至尊至親，而猶爲兩物也。其曰『據德以體道』、『依仁以成德』者，則亦得之。但其所爲道者既差，則其二者亦未有所附也。其論游於藝以閑邪而守仁者，意亦甚善，然亦必以張子、范氏之説爲正，然後可以及此。若但如游説而已，則是徒爲是物以繫其心，而於日爲之分義，初無所當也而可乎？」

子不語章

夫子語治而不語亂，何也？君子樂道人之善，惡言人之惡，則語治而不語亂者，聖人之仁也。且語治而已，則是非、美惡較然明矣，何必語亂而後可以爲戒？按《論語或問》曰：「游説亦佳而未免有所偏也。」

二三子以我爲隱乎章

聖人語默動静，無非教者。其所以與二三子者，甚易知而易見也。惟其聽之者，自不能見，則以爲有隱耳。其曰「是丘也」者，質諸己以實其言也，故曰：「天何言哉！四時行焉，百物生焉。」聖人亦天而已矣。子貢曰：「夫子之言性與天道，不可得而聞也。」是性與天道，仲尼固嘗言之，曷嘗有甚高不可測之論，大而無當，不近人情乎！蓋亦不離於文章也，而學者自不能以心契，則或疑其未嘗言耳。子貢既聞道矣，故知夫子之未嘗不言也。子路「問事鬼神」，子曰：「未能事人，焉能事鬼？」「敢問死」，曰：「未知生，焉知死？」蓋能盡人之道，則於事鬼神之道可以不學而能也；能知生之説，則於死之説可不問而知也。告人之道於是乎盡，孰謂夫子有隱於由乎？按《論語或問》曰：「游氏亦爲得之。」

興於詩章

「興於《詩》」，言學《詩》者可以感發於善心也。如觀《天保》之詩，則君臣之義修矣；觀《棠棣》之詩，則兄弟之愛篤矣；觀《伐木》之詩，則朋友之交親矣；觀《關雎》、《鵲巢》之風，則夫婦之經正矣。昔王裒有至性，而弟子至於廢講《蓼莪》，則《詩》之興發善心於此可見矣。而以攷其言之文爲興於《詩》，則所求於《詩》者外矣，非所謂可以興也。然則「不學《詩》，無以言」，何也？蓋《詩》之情出於温柔敦厚，而其言如之。言者，心聲也。不得其心，斯不得于言矣。仲尼之教伯魚，固將使之興於《詩》而得詩人之志也。得其心，斯得其所以言，而出言有章矣。豈徒攷其文而已哉？《詩》之爲言，發乎情也。其持心也厚，其望人也輕，其辭婉，其氣平，所謂人言也深。❶要歸必止乎禮義，❷有君臣之義焉，有父子之倫焉，和樂而不淫，怨誹而不亂。

❶「人言」，清抄本同，《四庫》本作「入人」。

❷「要」上，清抄本有小字「疑」，《四庫》本有「其」字。

所謂發言爲《詩》，故可以化天下而師後世。學者苟得其用心，何患其不能言哉？明乎齊之音者有勇，明乎商之音者有義，亦感發之意。《詩》之文，蓋有後世老師宿儒所不能爲，曾謂始學者而能之乎？按「所謂人言也深」句疑有脱誤。

民可使由之章

夫先王豈以其術智籠天下之民而愚之哉？蓋道無方也，反而觀之，則無己；泛而觀之，則無物。虎豹得之而猛噬，蛇虺得之而毒螫；厚者見之而爲仁，薄者見之而爲惡。觀老子之學，變而爲申、韓，則民不可使知之理可見矣。蓋其氣質或不良，而竊窺其端倪，則適足以逞其不肖之心而已。此小人之童觀，所以无咎也。按《論語或問》曰：「游氏如何？曰：此其所謂道者，老、佛之所謂道而已。若吾之所謂道者，則豈有搏噬、毒螫、薄惡之患哉？其説之病，學者審擇可也。」

吾自衛反魯章

「《雅》、《頌》各得其所」，而不及禮與《風》，何也？曰：有其德，無其位，不敢作禮樂焉，則禮樂非孔子之事。所謂《雅》、《頌》各得其所者，因其舊而正之，非有所作也，故不及禮。「《關雎》之亂」，師摯固嘗治之矣，故不及《風》。

語之而不惰者章

上士聞道，勤而行之。回於夫子之言，無所不説，非不惰而何？

顔淵問仁章

孟子曰：「仁，人心也。」則仁之爲言，得其本心而已。心之本體，則「喜怒哀樂之未發」者是也。惟其徇己之私，則汩於忿慾而人道熄矣。誠能勝人心之私，以還道心之公，則將視人如己，視物如人，而心之本體見矣。自此而親親，自此而仁民，自此而愛物，皆其本心隨物而見者然也。故曰：「克己復禮爲仁。」禮者，性之中也。且心之本體，一而已矣。非事事而爲之，物物而愛之，又非積日累月而後可至也。一日反本復常，則萬物一體，無適而非仁矣。故曰：「一日克己復禮，天下歸仁焉。」天下歸仁，取足於身而已，非有藉於外也。故曰：「爲仁由己，而由人乎哉？」顔淵請事斯語，至於「非禮勿動」，則不離於中，其誠不息而可久矣，故能「三月不違仁」。雖然，三月不違者，其心猶有所操也。至於中心安仁，則縱目之所視，更無亂色；縱耳之所聽，更無姦聲。「無思也，無爲也，寂然不動，感而遂通天下之故」，則「發育萬物」、「彌綸天地」，而何「克己復禮」、「三月不違」之足言哉？此聖人之能事。而對時育萬物者，所以博施濟衆也。仁至於此，則仲尼所不敢居而且罕言也。然則仁與聖，烏乎辨？曰：仁，人心也。操之則爲賢，縱之則爲聖。苟未至於縱心，則於博施濟衆，未能無數數然也。按《論語或問》曰：「游氏説以爲『視人如己，視物如人』，則其失近於吕氏，而無天序天秩之本。且謂人與物等，則其害於分殊之義爲尤甚。以爲『非必積日累月而後可至。一日反本復常，則萬物一體，無適而非仁』者，則又陷於釋氏頓悟之語，以啟後學僥倖躐等之心。以爲『安仁，則縱目所視，而無亂色；縱耳所聽，而無姦聲』，則又生於莊周、列禦寇荒唐之論，❶若以聖人爲恃其中心安仁之故，而有意於縱其視聽者。至其所論仁聖之辨，則又以博施濟衆爲言，則於夫子所以告子貢者，似有所未察也。」

仲弓問仁章

「出門如見大賓，使民如承大祭」，則以閑邪存其誠而已。「出門如見大賓」，則無時而不敬也。「使民如承大祭」，則無事而不敬也。仲弓能請事斯語，則於「非禮勿動」，亦庶幾焉。

司馬牛問仁章

仁之難成，久矣。豈惟行之爲難，知之固未易也。今欲言出而當於仁，得無難乎？故曰「其言也訒」。訒之難也，夫子荅樊遲之問仁曰「先難而後獲」，荅司馬牛曰「仁者，其言也訒」，皆未可與言仁故也。按《論語或問》曰：「游氏之説如何？曰：是又自爲一説。然本文以仁者爲言，則猶立人達人指其人之身而言之也。又曰『其言也訒』，則固謂是人之言發之不易也，是與孟子浩氣難言之説亦不得而同矣。」

---

❶「列」，原作「烈」，今據文義改。

吾之於人也章

大公至正之道，古今所共由也。合乎此則爲是，外乎此則爲非。其所謂是者，非惟聖人之所是，天下亦以爲是而好之。其所謂非者，非惟聖人之所非，天下亦以爲非而惡之。聖人因民心之是非、好惡，還以治之，非故矯揉其性而爲不可順從之事也。三代之君所以治者如此。孔子亦出乎大公至正之道而已。按《論語或問》曰：「古注、范、游氏皆以爲三代之君賞善罰惡，皆以直道，如夫子之毁譽不私也，此説善矣。然如其説，則經宜云『此三代之治民，所以直道而行』，而不得如今之云也。」

唯上知與下愚不移章

孔子之言性，有以其本言之者，若「繼之者善，成之者性」是也；有以人所見言之者，若「性相近，習相遠」是也。孟子亦然，其道性善，深探其本也。其曰「孺子將入井，皆有怵惕惻隱之心」，乃若其情則可以爲善矣，姑據人所見而語之也，是以當時學者不能無疑。夫道，未始有名，感於物而出，則善之名立矣；託於物而生，則性之名立矣。善者，性之德，故莊子曰：「物得以生謂之德。」性者，善之資也，故莊子曰：「形體保神謂之性。」蓋道之在天地，則播五行於四時，百物生焉，無非善者也，無惡也，故曰「繼之者善也」。道之在人，則出作而入息，渴飲而飢食，無非性者，無妄也。苟得其性之本然，反身而誠，則天地萬物之理得，而道自我成矣，故曰「成之者性也」。惟其同出于一氣，而氣之所值，有全有偏，有邪有正，有粹有駁，有厚有薄，然後有上知、下愚、中人之不同也。猶之「大塊噫氣，其名爲風」，風之所出，無異氣也，而叱者、吸者、叫者、號者，其聲若是不同，以其所託者，物物殊形耳。其聲之不同，而謂有異風，可乎？孟子謂「性善」，正類此也。荀卿言「性惡」，揚雄言「人之性善惡混」，韓愈言「性有三品」，蓋皆蔽於末流而不知其本也。觀五方之民，剛柔輕重、遲速異齊，則氣之所稟可以類推之也。以堯爲君，而有丹朱；以瞽瞍爲父，而有舜，又何足疑乎？孔子言「性相近」者，以習而相遠，則天下之性或相倍蓰者固多矣。由是觀之，則謂「性有三品」未爲不可。唯其止以是爲性，則三子者之失也。「成性存存，道義之門」，蓋非盡心知性者不足以與此。宜乎！夫子之言性，門人莫得而聞也。子貢，知道者也，得其所以言矣，故其贊聖人者及此。按《論語或問》曰：「游氏之説如何？曰：其論聖賢言性之不同，曰有探其本者，是矣。其曰有『姑據人所見而言』，而以性習遠近、惻隱之心之類當之，則非也。性之相近，以氣質之不同也；惻隱之心，性之感而發於情者也。二者既不同矣，然聖賢亦曷嘗姑據人所見而指是爲性哉？若曰『道未始有名，感於物而出，則善之名立；託於物而生，則性之名立』，此則老、佛之言，而分道與善、性爲三物矣。至於形體保神，各有儀則，謂之性者，雖出於莊周之言，然所謂儀則者，猶有儒者之意也。今引其言以論性，而特遺之，且獨以『出作入息、飢食渴飲』者爲言，則是其所謂性者，無復儀則，而專用佛、老作用是性之言爲主矣。是雖欲極其高妙而言，而不知其所指以爲性者，反滯於精神魂魄之間也。此近世言性之大弊，學者不可以不辨。且所謂『託於物而生』者，是又以爲先有是物，而性託之以生，如釋氏受胎奪陰之説也。所謂『反身而誠』者，是以成性爲人之所爲也，其説亦皆誤矣。」

子之武城章

子夏以灑埽應對進退教人。子游以弦歌爲學，知此然後知古人爲學之方。惟賢者得其大者，不賢者得其小者，故有「愛人」、「易使」之異。

微子去之章

董子曰：「仁人者，正其義，不謀其利；明其道，不計其功。」善乎其言！始可與言仁也已矣。蓋仁人之用心，惟仁所在而已。仁之所在則從之，不論所以也。仁在於去，則去之而不愧，微子是也。仁在於不去，則爲之奴而不辱，箕子是也。仁在于死，則就死而不悔，比干是也。豈顧利害、禍福而易其求仁之志哉？故伯夷之清、伊尹之任、柳下惠之和，皆仁也。伯夷辭爲孤竹之君，而餓於首陽之下，由衆人觀之，其利害固殊絶也，而彼獨以是求仁焉。以是求之，以是得之，既以遂其志矣，夫何怨之有？宰我曰：「仁者，雖告之曰井有仁焉，其從之也。」宰我之意，蓋曰仁者之志，惟求仁而已，功利非所計也。井者，必死之地也。厥或告之曰死地有仁，彼其用心之誠，亦將從之也。是不然，君子之求仁，亦曰循理而已矣。夫理之所不載，安在其爲仁耶？故可逝者其心也，其不可陷者其理也。以其用心之仁，故可以欺；以其見理之明，故不可罔。以井爲言，則犯害之地皆是也。按《論語或問》曰：「游氏所謂『仁人之用心，惟仁所在則從之，不論所以』者，似非知仁之言。蓋仁者心之德，有是心而不失其德，則謂之仁人。一時如此，則一時之仁也；一事如此，則一事之仁也。其時與事雖有不同，而所謂仁者，則常在此而不在彼也。蓋始出乎此，而終合乎此耳。若如游氏之言，則是所謂仁人者，與仁自爲二物，人常在此，仁在彼，而以人往從乎仁也。其曰『彼獨以是求仁焉』，則又甚矣。彼夷、齊者，亦曰不如是則無以得其心之所安，而賊夫德耳，豈曰仁在於彼，而餓死以求之哉？其論宰我之問，則予於本章已辨之矣。」

堯曰咨爾舜章

有一言而足以盡至治之要，曰中而已。蓋中者天下之大本也，豈執一云乎哉？不偏不倚，適當其可而已。譬之權衡之應物，曾無心于輕重、抑揚、高下，稱物平施，無銖兩之差，此其所以爲時中也與！堯、舜、禹三聖授受之際，所守者一道，「允執厥中」，乃傳心之密旨也。按《論語或問》曰：「游氏自『適當其可』以下文，與程子之説不異。」

游定夫先生集卷二

孟子雜解

按《墓誌》云《〈論語〉〈孟子〉雜解》各一卷，今所存《孟子雜解》止八則，疑多遺佚，然不可攷矣。

人皆有不忍人之心章

惻者，心之感於物也。隱者，心之痛於中也。物之體傷於彼，而吾之心感應於此，仁之體顯矣。故君子之於禽獸，見其生不忍見其死，見其全不忍見其傷，而況於民乎？況於親戚乎？故「惻隱之心」莫隆於親，而民次之。孟子曰君子「親親而仁民，仁民而愛物」，此自然之序也。彼愛無差等者，失其本心也已。惻隱，痛傷也，傷在彼而我傷之，痛在彼而我痛之。傷痛非自外至也，因心則然，此惻隱所以爲「仁之端也」，至於充其心體之本。然則萬物一體矣，無物我之閒也，故天下歸仁焉。

燕人畔章

象之惡已著，而其志不過富貴而已，故舜得以是而全之。若管叔之惡則未著，而其志其才皆非象比也。周公詎忍逆探其兄之惡而棄之耶？周公愛兄，宜無不盡者，管叔之事，聖人之不幸也。舜誠信而喜象，周公誠信而任管叔，此天理人倫之至，其用心一也。按《孟子或問》曰：「周公、管叔之事，吕、游之説不同，何也？」曰：吕氏之疑，游氏辨之詳矣，其原蓋出於程子之説，所謂天理人倫之至者，學者宜深味之。」

規矩方員之至也章

愛敬盡於事親，則孝之性盡矣。盡之云者，愛敬之道於是至矣，不可以有加焉。舜盡事親之道，而瞽瞍底豫。天下之爲父子者，定其理正如此也。孟子言「聖人，人倫之至也」，人倫至於聖人而後爲至者，蓋非盡性不能也。學者之於人倫，亦期於盡而已矣。

居下位而不獲於上章

欲誠其意，先致其知，故「不明乎善，不誠乎身矣」。學至於誠身，安往而不致其極哉？以内則順乎親，以外則信乎友，以上則可以得君，以下則可以得民。此舜之「允塞」，所以「五典克從」也。然有誠者，有誠之者。不勉而中，無爲也。不思而得，無思也。從容乎中道，是聖人之事也，故爲天道。至於擇善，則有思矣。固執之，則有爲矣。拳拳乎中道，是賢人之事也，故爲人之道。聖賢雖異稟，其爲誠身一也。

詩云娶妻如之何章

告而娶，義之小者也。廢人之大倫，罪之大者也。瞽瞍之頑，告則不得娶，舜知之宜審矣。故受不告之名，而不忍陷父於廢大倫之罪。如必先告，俟其不從然後違之，則是重拂其親之意而反彰其惡也。故其不告，君子以爲猶告。按《孟子或問》曰：「不告而娶之説，游氏之意亦爲曲盡。」

盡其心者章

「盡其心」，則心地無餘藴，而性之本體見矣。「知其性」，則廣大悉備，天理全而人僞泯矣。夫是之謂「極高明」。「存其心」者，閑邪以存其誠也。「養其性」者，守静以復其本也。欲不外馳，忿不内作，反聽内視，以歸有極，則「存其心」之道也。其志致一，其氣致專，至大至剛以直，則「養其性」之道也。存、養至此，則與天地相似而不違矣，故足以事天。夫是之謂「道中庸」。極高明者，理極於知天也。道中庸者，德全於事天也。知天者，造其理也。事天者，履其事也。徒造其理而不履其事，是爲知君上之爲我尊而未嘗致恭也，知父母之爲我親而未嘗致養也。其忠孝安在哉？知天，智之盡也；事天，仁之至也。仁之至、智之盡也，則死生爲晝夜矣，豈殀壽所能惑其心哉？❶亦曰「修身以俟之」，自作元命而已。按《孟子或問》曰：「游氏於此章首尾次序大意，甚有條理，而其所以爲説，則皆老、佛之餘也。如曰『心之地無餘藴，而性之本體見』者，如曰『守静』、『復本』、『内視』、『反聽』，『致一』、『致專』者，豈儒者之言而孟子之旨乎？其曰『至大至剛以直』，則孟子所論，乃氣之本體，而以爲養性之道，尤不可其説也。」

---

❶「殀」，原作「妖」，清抄本同，今據《四庫》本改。

形色天性也章

形者，性之質也。能盡其性，則踐其形而無愧矣。蓋「萬物皆備於我」，則其所有，何物不備？「反身而誠，樂莫大焉」，爲其能盡性而踐形也。若反身未至于誠，則是於性有所不盡。未能盡性，則於質有所不充矣，故曰「惟聖人然後可以踐形」。箕子曰：「視曰明，聽曰聰。」視謂之明，聽謂之聰，皆耳目之本然也。能盡視聽之性，則能盡耳目之形。苟視聽不足於聰明，則是有耳目之形而無視聽之實德也，豈不歉於形哉？楊子曰：「聖人耳不順乎非，口不肆乎不善。」若「非禮勿視」、「非禮勿言」，則於口耳猶有所擇，是未足以言踐形。按《孟子或問》曰：「人之生於天地之間也，莫不有形，其有是形也，莫不有色，而本其所得於天者，則是形是色莫不有所以然之故焉，莫不有所當然之則焉，是則所謂天性者也。然衆人梏於氣稟之偏，狃於習俗之蔽，而不能無人欲之私，是以視則不明，聽則不聰，貌則不恭，言則不從，蓋不能盡其形色本然之理，則雖有是形而無以踐其形也。惟聖人能盡其性，而無一毫人欲之私雜於其間，是以視則極明，聽則極聰，貌則極恭，言則極從，蓋凡形色本然之理無一不盡，既有是形，而又可以踐其形焉。踐云者，本有是物，而又能修其實以副之，如踐言之踐也。程子、張子、游、楊、尹氏蓋皆此意。」

仁也者人也章

仁者，以道之在人者名之也。立人之道，則仁之名所以立。合而言之，則仁與人泯矣，此其所以爲道也。按《孟子或問》曰：「言人而不及仁，則血氣物欲之私而已。言仁而不即人之身以明之，則又徒爲虚言，而無以見天理流行之實。故必以仁之理合於人之身而言，然後仁之爲道可見。蓋仁則性而已矣，道則父子之親、君臣之分，見於人之身而尤著。程子所謂『公而以人體之』，亦此意也。游氏以人仁泯而後爲道，謝氏以道立而人仁之名亡，其皆老氏之餘乎？」

游定夫先生集卷三

中庸義

按先生所著《中庸義》一卷，宋新昌石氏子重曾編入《中庸集解》中。其後朱子删《集解》爲《輯略》，又爲《或問》以明諸家之醇駁，及《中庸章句》成，乃以《輯略》、《或問》並附諸後，故《中庸序》並舉三書也。《輯略》行，《集解》遂微，元時已罕見本書，惟宋衛正叔湜《禮記集説》載其全文。吾友獨山莫子偲友芝嘗于《集説》中抄出，復取《輯略》及真氏《集編》、趙氏《纂疏》所引，校其文句，補脱存異，以還石氏之舊，刊之。今觀游先生裔孫文遠所刻《廌山集》，其《中庸義》一卷蓋從《輯略》中抄出者，故凡《集解》中所引多不載焉。予按莫氏《校刊中庸集解序》云「《輯略》之成，已不盡出朱子手，而今世流傳，又唯吕信卿所刊唐荆川宋本，其中《或問》所駁先儒諸説多所芟節，有竟削不存者，亦有《或問》斥其記録失真而仍載書中者。《四庫全書提要》已謂『其故不可得詳』。因細攷之，尚有《章句》引用而亦芟棄者，有《或問》並出可否而存此删彼者，有以張、楊語爲程子語者，有遺脱語句其義不完者。意雖朱子門人，當不率陋至是，必唐、吕私有增損，抑或苟且就雕，致懵學者。非得石氏本書，亦誰從覺其非哉？又攷真氏所引《輯略》在今本外者尚四十餘條，言皆大醇，非應删者。私意真氏未引，爲唐、吕刊落者，必猶有若干條。《輯略》既非完本，則《集解》愈足珍惜」云云。故予今校訂先生《中庸義》，即據莫氏校刊《中庸集解》本，全録先生原文，並取朱子《中庸或問》論游氏者節録于各條之下，庶使學者得見先生之全書，並可由朱子之言以折衷義理之至當云。

「天命之謂性」至「修道之謂教」

「惟皇上帝降衷于下民」，則天命也。若遁天倍情，則非性矣。天之所以命萬物者，道也。而性者，具道以生也。因其性之固然，而無容私焉，則道在我矣，此「率性之謂道」也。若出於人爲，則非道矣。上十六字今《輯略》脱去，《集編》引有。夫道，不可擅而有也，固將與天下共之。故修禮以示之中，修樂以導之和，此「修道之謂教」也。或蔽於天，或蔽於人，爲我至於無君，兼愛至於無父，則非教矣。知天命之謂性，則孟子性善之説可見矣。或曰性惡，或曰善惡混，或曰有三品，皆非知天命者也。按《中庸或問》曰：「程子之論率性，正就私意人欲未萌之處，指其自然發見各有條理者而言，以見道之所以得名，非指修爲而言也。吕氏謂人雖受天地之中以生，而梏於形體，又爲私意小知所撓，故與天地不相似而發不中節，必有以不失其所受乎天者然後爲道，則所謂道者，又在修爲之後，而反由教以得之，非復子思、程子所指人欲未萌自然發見之意矣。游氏所謂『無容私焉，則道在我』，楊氏所謂『率之而已』者，似亦皆有吕氏之病也。」又曰：「游氏以『遁天倍情爲非性』，又不若楊氏人欲非性之云也。」

「道也者不可須臾離」至「必慎其獨也」

道外無性，性外無道，曾謂性而不可離乎？「不」字疑衍。故惟盡性然後能體道，惟至誠然後能盡性。苟未至於至誠，則常思誠以爲入道之階，故「戒謹乎其所不睹，❶恐懼乎其所不聞」，所以「謹其獨」而思誠也。

❶「乎」，原脱，今據《中庸》補。

人所不睹，可謂隱矣，而心獨見之，不以趙作「亦」。見乎？人所不聞，可謂微矣，而心獨聞之，不亦顯乎？知「莫見乎隱，莫顯乎微」，而不能謹獨，是自欺也，其離道遠矣。《輯略》删。

「喜怒哀樂之未發」至「萬物育焉」

極中和之理，則天地之覆載、四時之化育在我而已，故曰「天地位焉，萬物育焉」。然則三公所以燮理陰陽者，豈有資於外哉？亦盡吾喜怒哀樂之性而已。今《輯略》無，真引有。

「仲尼曰君子中庸」至「小人而無忌憚也」

道之體無偏，而其用則通而不窮。無偏，中也；不窮，庸也。以性情言之，則爲中和；以德行言之，則爲中庸，其實一一多「道」字。也。君子者，道中庸之實也。小人則竊中庸之名而實背之，是中庸之賊也，故曰「反中庸」。此下九十五字《輯略》删。君子之於中庸，自幼壯至於老死，自朝旦至於暮夜，所遇之時、所遭之事雖不同，其爲中一也，故謂之「時中」，言行小變而不失其大常也。小人之於中庸，則居之似忠信，行之似廉潔，而居之不疑，或詭激以盜名，進鋭退速，此所謂「無忌憚」而「反中庸」也。按《中庸或問》曰：「『小人之中庸』，王肅、程子悉加『反』字，蓋疊上文之語。然諸説皆謂小人實反中庸而不自知其爲非，乃敢自以爲中庸而居之不疑，如漢之胡廣，唐之呂温、柳宗元者，則其所謂中庸是乃所以爲無忌憚也。如此，則不煩增字而理亦通矣。曰：小人之情狀固有若此者矣，但以文勢考之，則恐未然。蓋論一篇之通體，則此章乃引夫子所言之首章，且當略舉大端，以分別君子小人之趨向，未嘗遽及此意之隱微也。

若論一章之語脈，則上文方言君子中庸而小人反之，其下且當平解兩句之義以盡其意，不應偏解上句而不解下句，又遽別生他説也。故疑王肅所傳之本爲得其正，而未必肅之所增，程子從之，亦不爲無所據而臆決也。諸説皆從鄭本，雖非本文之意，然所以發明小人之情狀，則亦曲盡其妙，而足以警乎鄉原亂德之奸矣。」

子曰中庸其至矣乎民鮮能久矣

德至於中庸，則全之盡之，不可以有加矣，故曰「其至矣乎」。舜之爲大知，則用此道而至也。顔淵之爲賢，則擇此道而求其至也。若舜之爲大孝，武王、周公之爲達孝，則由此道而成名也。子路問强，則將進此道而已。哀公問政，則將行此道而已。自脩身以至懷諸侯皆出於此道，不其至矣乎？然非至誠無息者不足以體此，非自强不息者不能以致此，故久於其道者鮮矣。《輯略》删。按《中庸或問》曰：「『民鮮能久』，或以爲民鮮能久於中庸之德，而以下文『不能期月守』者證之，何如？曰：不然。此章方承上章『小人反中庸』之意而泛論之，未遽及夫不能久也。下章自能擇中庸者言之，乃可責其不能久耳。兩章各是發明一義。」

「子曰道之不行也」至「鮮能知味也」

知出於知性，然後可與有行。「知者過之」，非知性也，故知之過而行之不至也。己則不行，其能行於天下乎？若鄒衍之談天，公孫龍之詭辨，是知之過也，愚者又不足以與此。此道之所以不行也。行出於循理，然後可與有明。「賢者過之」，非循理也，故行之過而知之不至也。己則不知，其能明於天下乎？若楊氏「爲我」，墨氏「兼愛」，是行之過也，不肖者又不足以與此。此道之所以不明也。道不違物，存乎人者，日用而不知耳，故以飲食況之。飲食而知味，非自外得也，亦反諸身以自得之而已。夫行道，必自致知始，使知道如知味，是道其憂不行乎？今也「鮮能知味」，此「道」之所以「不行」也。

「子曰舜其大知也與」至「其斯以爲舜乎」

「好問而好察邇言」，求之近也。「隱惡而揚善」，取之易也。此好善優於天下而爲知大矣。「立天之道曰陰與陽，立地之道曰柔與剛，立人之道曰仁與義。」夫道，一而已，其立於天下則有兩端。故君子有剛克焉，執其義之端也；有柔克焉，執其仁之端也。「執其兩端」而用之以「時中」，此九德所以有常，而三德所以用人也。以先覺覺後覺，以中養不中，此舜之所以爲舜也。其曰二字依《纂疏》增。「其斯以爲舜」，則絕學無爲也。《輯略》刪。按《中庸或問》曰：「游氏以舜爲『絕學無爲』，則老、佛之餘緒，非儒者之言也。」

「子曰人皆曰予知」至「而不能期月守也」

定内外之分，辯榮辱之境，「見善如不及，見不善如探湯」，則君子所謂知也。今也乘時射利而甘心於物役，以自投於苟賤不廉之地，是猶「納之罟擭陷阱之中」而不知「辟」也。此於榮辱之境昧矣，其能如探湯乎？「擇乎中庸」則知及之矣，「而不能以期月守」，則勢利得以奪之也。此於内外之分易矣，其能如不及乎？若是者，彼自謂知而愚孰甚焉！故繼舜言之，以明其非知也。《輯略》刪。

「子曰回之爲人也」至**「而弗失之矣」**

「道之不行」，「知者過之」，如舜之知，則道之所以行也。「道之不明」，「賢者過之」，如回之賢，則道之所以明也。「擇乎中庸」，見善明也。得一善，則「服膺不失」，用心剛也。

「子曰天下國家可均也」至**「中庸不可能也」**

天下國家之富可均以與人，爲惠者能之。爵禄之貴可辭，爲廉者能之。白刃可蹈，爲勇者能之。然而中庸不可能者，誠心不加而無擇善固執之實也。《輯略》删。

「子路問强」至**「强哉矯」**

中庸之道，造次顛沛之不可違，惟自强不息者爲能守之。故以「子路問强」次顔淵。所謂强者，非取其勝物也，自勝而已，故以南方之强爲君子。强也者，道之所以成終始也，故自「和而不流」至於「至死不變」，皆曰「强哉矯」，蓋其爲中雖不同，而其貴不已一也。上六十五字《輯略》删。

「子曰素隱行怪」至**「唯聖者能之」**

「吾弗爲之」，處其實而遺其名也；「吾弗能已」，樂其内而忘其外也。其用心若此，則可以入中庸之道矣，故繼言「君子依乎中庸」。依之爲言無時而違也，非「至誠無息」者不足以與此。若「三月不違仁」，未免於有所守也。「遯世不見知而不悔」者，疑慮不萌於心，確乎其不可拔也。非離人而立於獨者不足以與此。若不遠復者，未免於有念也，故曰「惟聖者能之」。《輯略》删。按《中庸或問》曰：「游氏所謂『離人而立於獨』與夫『未免有念』之云，皆非儒者之語也。」

「君子之道費而隱」至「察乎天地」

道之用，贍足萬物，而萬物莫不資焉，故言費。其本則視之不見，聽之不聞，故曰隱，猶言肆而隱也。唯「費」也，則良知良能所自出，故夫婦之愚不肖可以與知而能行焉。唯「隱」也，則非有思者所可知，非有爲者所可能，故聖人有所不知不能焉。蓋聖人者，德之盛而業之大者也，過此以往則神矣。無方也不可知，無體也不可能，此七聖皆迷之地也。「天地之大，人猶有所憾」者，則祁寒暑雨之失中故也。君子之道，無往而非中也。其大無外而中無不周，故「天下莫能載」；其小無間而中無不足，故「天下莫能破」。上極於天，下蟠於淵，中無不在也，故「上下察」。是道也，以爲高遠邪，則「造端乎夫婦」；以爲卑近邪，則「察乎天地」。《孝經》曰：「事父孝，故事天明；事母孝，故事地察。」蓋事父母之心，雖夫婦之愚不肖亦與有焉。及其至也，天地明察，神明彰矣。則雖聖人之德又何以加此？此中庸所以爲至也。《輯略》删。按《中庸或問》曰：「游氏之説，其不可曉者尤多。如以『良知良能之所自出』爲道之『費』，則良知良能者不得爲道，而在道之外矣。又以『不可知』、

「不可能」者爲道之『隱』，❶則所謂道者乃無用之長物，而人亦無所賴於道矣。所引天地明察，似於彼此文意兩皆失之。至於所謂七聖皆迷之地，則莊生邪遁荒唐之語，尤非所以論中庸也。」

「子曰道不遠人」至「君子胡不慥慥爾」

仁，人心也。道，自道也。則是道不離自心而已，夫何遠之有？人之爲道而不本於心，則違道也遠矣，故終不可以入道。爲道而不本於心，則「執柯伐柯」之譬也，故曰「其則不遠」，此盡己之忠也。然道非彼也，心非此也，以心望道，猶爲兩物也，故「睨而視之，猶以爲遠」。由此觀之，道固不可以頓進也。修身猶然，而況於治人乎？故君子不以道責人，而「以人治人」，取其「改而止」，此盡物之恕也。使其盡道以望人，則改而不止，則是中也。棄不中，非中庸之道也。夫道，一以貫之，無物我之閒也。既曰「忠恕」，則已「違道」矣。然忠以盡己，則將以至忘己也；恕以盡物，則將以至忘物也。則善爲道者莫近焉，故雖違而「不遠」矣。施諸己而不願，亦勿施於人，則以忠恕之方而參彼己之道也。參彼己者，亦將致一而後已也。「丘未能一」者，❷夫子之得邦家也，則人倫正而五品遜矣，何未能之有？唯夫子之道不行于天下，則有求於世人而未得者矣。其曰「丘未能一」者，自任以天下之重而責己之周也。孟子謂「舜爲灋於天下，而我猶未免爲鄉

---

❶「者」，原作「也」，今據《四書或問》改。

❷「丘」，原避諱作「某」，今據宋本《禮記集説》改，下文「丘」字亦如是。

人」，亦是意也。所謂「出則事公卿，入則事父兄，何有於我」者，以在己者言之，非有所求於他人者也。「庸德之行」，是行以德成而德之外無餘行。「庸言之謹」，是言以行出而行之外無餘言。上四百十六字《輯略》刪。「有所不足，不敢不勉」，將以踐言也，則其「行顧言」矣。「有餘不敢盡」，恥躬之不逮也，則其「言顧行」矣。言行相顧，則於心無餒，故曰「胡不慥慥爾」。慥慥，心之實也。按《中庸或問》曰：「游氏之説，其病尤多，至謂道無物我之間，而忠恕將以至於忘己忘物，則爲已違道而猶未遠也，是則老、莊之遺意，而遠人甚矣，豈中庸之旨哉！」

「君子素其位而行」至「反求諸其身」

「素其位而行」者，即其位而道行乎其中，若其素然也。「舜之飯糗茹草，若將終身」，此非「素貧賤」而道行乎？貧賤不能然十三字本作「素貧賤行乎貧賤」七字。也。及其爲天子，被袗衣、鼓琴，若固有之，此非「素富貴」而道行乎？富貴不能然十三字本作「素富貴行乎富貴」七字。也。飯糗、袗衣，其位雖不同，而此道之行一也。至於夷狄、患難，亦若此而已。道無不行，則「無入而不自得」矣。蓋道之在天下，不以易世而有存亡，故無古今。則君子之行道，不以易地而有加損，故無得喪，此君子之得於心者然也。十字《輯略》刪。至於「在上位不陵下」，知富貴之非泰也；「在下位不援上」，知貧賤之非約也，此唯「正己而不求於人」者能之。故能「上不怨天」，以在我者有義也；七字刪。「下不尤人」，以在物者有命也，此君子之見於行者然也。廿一字刪。蓋君子爲能循理，故「居易以俟命」。居易未必不得也，故窮通皆好。小人反是，故「行險以徼幸」。行險未必常得也，故窮通皆醜。學者要當篤信而已。「射有似乎君子」者，射者發而不中，則必反而求其不中之因：

意者志未正邪？體未直邪？持弓矢而未審固邪？然而不中者寡矣，君子之正身亦若此也。「愛人不親，反其仁；治人不治，反其智；禮人不荅，反其敬。行有不得者，皆反求諸己」而已，而何怨天尤人之有哉？「失諸正鵠」者，行有不得之況也。按《中庸或問》曰：「游氏説亦條暢，而『存亡』、『得喪』、『窮通』、『好醜』之説尤善。」

「君子之道譬如行遠」至「其順矣乎」

「行遠必自邇」，自家以達國也；「升高必自卑」，由人以之天也。「妻子好合」，然後「兄弟翕」；「兄弟既翕」，然後「父母順」。蓋「刑於寡妻，至於兄弟」，以順於父母，則家道正矣。於治國也何有？家道正則人道立矣。於天道也何有？知事於邇且卑者，則遠且高者之理得矣。《輯略》删。

「子曰鬼神之爲德」至「如此夫」

道無不在，明則爲禮樂，幽則爲鬼神。鬼神具道之妙用也，其德固不盛歟？夫欲知鬼神之德者，反求諸其心而已。神將來舍，則是「神之格思」也。若正心以度之則乖矣，所謂「不可度思」也。正心本誤「己」，依趙引。度之猶不可，又況得而忘之乎？所謂「矧可射思」也。❶不可度，故視不見，聽不聞；不可射，故「如在其上，如在其左右」也。「夫微之顯」如此，以其「誠之不可揜」也。誠則物物皆彰矣，故不可揜。「微本誤「爲」，

❶ 「矧」，原作「不」，今據《中庸》引《詩・大雅・抑》改。

依趙改。之顯」者其理也。「誠之不可揜」，以其德言也。《輯略》删。按《中庸或問》曰：「游、楊之説，皆有不可曉者。」

「子曰舜其大孝也與」至「故大德者必受命」

中庸以人倫爲主，故以孝德言之。下十六字《輯略》删。雖外物不可必，要不害其有必得之理也。

「子曰無憂者」至「無貴賤一也」

武王之事，非本作「言」。聖人所欲爲也，故曰「壹戎衣而有天下」。「身不失天下之顯名」，謂之不失，則與必得異矣。乃如其道，則「尊爲天子，富有四海之内，宗廟饗之，子孫保之」，與舜未始不同也。武王於《泰誓》三篇稱文王爲文考，至《武成》而柴、望，然後稱文考爲文王，仍稱其祖爲大王、王季。然則周公「追王大王、王季」者，乃文王之德、武王之志也，故曰「成文、武之德」。不言文王者，武王既追王矣。武王既追王而不及大王、王季，以其「末受命」，而其本脱此字。序有未暇也。《禮記·大傳》載牧野之奠，「追王大王、亶父、王季歷、文王昌」，亦據《武成》之《書》，以明追王之意出於武王也。世之説者因《中庸》無追王文王之文，遂以謂文王自稱王，豈未嘗考《泰誓》、《武成》之《書》乎？君臣之分，猶天尊地卑，紂未可去，而文王稱王，是二天子也。服事商本作「殷」。之道，固如是邪？《書》所謂「大統未集」者，後世以「虞、芮質厥成」爲文王受命之始故也。當六國時，秦固已長雄天下，而周之位號微矣。❶辛垣衍欲帝秦，魯仲連以片言折之，衍不敢復出口，蓋名分之嚴如此。故以曹操之英雄，逡巡於獻帝之末而不得逞，彼蓋知利害之實也。曾謂至德如文王，一言一動，順帝之則，而反盜虛名而拂天理乎？且武王觀政于商，而須假之五年，❷非僞爲也。使紂一日有悛心，則武王當與天下共尊之，必無牧野之事。然則文王已稱之名，將安所歸乎？此天下之大戒，故不得不辨，亦所以正人心也。按《中庸或問》曰：「游氏引《泰誓》、《武成》以爲文王未嘗稱王之證，深有補於名教，然歐陽、蘇氏之書亦已有是説矣。郊禘，吕、游不同，然合而觀之，亦表裏之説也。」又按《朱子語類》：「問：『身不失天下之顯名，與必得其名，須有些等級不同？』❸曰：『游、楊是如此説，尹氏又破其説，然看來也是有此意。❹如堯舜與湯武真箇争分數，有等級，只看聖人説《韶》、《武》處便見。』」

「子曰武王周公」至「治國其如示諸掌乎」

大孝，聖人之絶德也；「達孝」，天下之通道也。要其爲人倫之至，二字本脱。則一也。故「繼志」、「述事」之末，亦曰「孝之至也」。「事死如事生」，以慎終者言之。「事亡如事存」，以追遠者言之。故本脱「故」字。始

❶「位」，原脱，今據清抄本補。
❷「假」，原作「暇」，今據清抄本改。
❸「些」，原作「此」，今據文淵閣《四庫全書》本《朱子語類》改。
❹「然」，原脱，今據《朱子語類》補。

死謂之死，既葬則曰反而亡焉，此死、亡之辨也。「唯聖人爲能饗帝，孝子爲能饗親。」饗帝，一德也；饗親，一心也。要不過乎物而已，其於慶、賞、刑、威乎何有？故曰「明乎郊社之禮、禘嘗之義，治國其如示諸掌乎？」成王自謂「予沖子，夙夜毖祀」，此迓衡之要道也。祭祀之義，非精義不足以究其説，非體道不足以致其義。蓋「唯聖人爲能饗帝」，爲其盡人道而與帝同德；「孝子爲能饗親」，爲其盡子道而與親同心也。仁孝之至，通乎神明，而神祇、祖考安樂之，則於「郊社之禮、禘嘗之義」始可以言「明」矣。夫如是，則於爲天下國家也何有？《輯略》删。按《中庸或問》謂「郊、禘，吕、游不同，然合觀之，亦表裏之説」，則此條疑非删，或今本脱。又按朱子嘗曰：「游氏説郊社之禮，所謂惟聖人爲能饗帝，禘嘗之義，謂惟孝子爲能饗親，意思甚周密。」

「哀公問政」至「不可以不知天」

螟蛉有可化之質，蜾蠃有能化之材，知是説然後可與言政也。然則政之所託，可非其人乎？故曰「爲政在人」。人固未易知，若規矩準繩在我，則方圓曲直無所逃矣，故曰「取人以身」。規矩準繩無他，人道而已，故「修身以道，修道以仁」。在上欲得乎民，在下欲獲乎上，皆以「修身」爲本。十八字《輯略》删。「失其身而能事其親，吾未之聞矣」，故修身然後能「事親」。八字本脱。至於能事親，則修身之至也，故曰「思修身，不可以不事親」，十一字本脱。知事親則德之本立矣，而「不知人」，則上以事君，下以取友，去就從違莫知所向，而貽其親之憂者有矣。蓋取人以身，不能事親，安所取人哉？其序由事親然後能知人，至於廿六字本脱。能知人，則事親之至也，故曰「思事親，不可以不知人」。上十一字本脱，下七十五字《輯略》删。知人者智也，而明或不足以自知，將逆詐億不信，而不肖之心應之，莫知其然也。蓋知人者可與言理，「知天」者可與言性。至於能知天，則知人之至也。「親親之殺」，事親者能之；「尊賢之等」，知人者能之。

「天下之達道五」至「則知所以治天下國家矣」

人倫，天下所共由也，故謂之「達道」。知、仁、勇，天下所同得也，故謂之「達德」。德者，得乎道也，故曰「所以行之者三」。三德之成功，至誠而已，故曰「所以行之者一」。知者，知此道也，故曰「好學近乎知」。仁者，體此道也，故曰「力行近乎仁」。勇者，進此道也，故曰「知恥近乎勇」。蓋知恥則能有所不爲，有所不爲而後可以有爲矣。上百十七字《輯略》删。「仁者不憂，知者不惑，勇者不懼」，此成德也。孔子自謂「我無能焉」，夫成德豈易得乎？能知好學，力行知恥，則可以入德矣。

「凡爲天下國家有九經」至「所以行之者一也」

經者，其道有常而不可易，其序有條而不可紊。取人以身，故「修身」然後知「賢」之可「尊」。上三十二字《輯略》删。「齊明」所以一其志，「盛服」所以修其容。非禮勿動，則內無逸德，外無過行。內外進矣，則本脱「則」字。「富貴不能淫，貧賤不能移」。故「修身則道立」，「去讒」則任之專，「遠色」則好之篤，「賤貨」則義利分，「貴德」則真僞核。夫如是則見善明，用心剛矣，本脱上十七字。故「尊賢則不惑」。「尊其位」所以貴之，

「重其禄」所以富之，「同其好」以致其利，「同其惡」以去其害，則禮備而情親，諸父兄弟所以望乎我者足矣，故「親親」則「不怨」。

「不惑」在理，故於「尊賢」言之；「不眩」在事，故於「敬大臣」言之。《輯略》删，按「不惑在理」四句裁入《章句》，似不應删。人情莫不欲逸也，時使之，而使有餘力；莫不欲富也，薄斂之，而使有餘財，則「子庶民」之道也，故「百姓勸」。日省月試以程其能，既稟一作「廩」。稱事以償其勞，則惰者勉而勤者説一作「悦」。矣。此「來百工」之道也，故「財用足」。「送往迎來」，以厚其禮；「嘉善而矜不能」，以致吾仁。待之者甚周，責之者甚約，此「柔遠人」之道也，故「四方歸之」。「繼絶世」，則賢者之類無不説；一作「悦」。「舉廢國」，則功臣之後無不勸，亂者懼焉，危者怙焉。其「來」也節以時，其「往」也遺以禮，則「懷諸侯」之道也。夫如是，則德之所施者博，而威之所制者廣矣，故「天下畏之」。經雖有九，而「所以行之者一」，一作「一者」。誠而已。不誠，則九經爲虚文，是無物也。

「凡事豫則立」至「道前定則不窮」

豫者，前定之謂也。唯至誠爲能定，唯能一作「前」。定爲能應，故以言則必行，以事則必成，以行則無悔，本作「侮」。以道則無方。誠定之效如此，故繼九經言之。按《中庸或問》曰：「所謂前定何也？曰：先立乎誠也。先立乎誠，則言有物而不躓矣，事有實而不困矣，行有常而不疚矣，道有本而不窮矣。諸説惟游氏誠定之云得其要。」

「在下位不獲乎上」至「不誠乎身矣」

欲誠其意，先致其知。故「不明乎善，不誠乎身矣」。學至於誠身，安往而不致其極哉？以内則順乎親，以外則信乎友，以上則可以得君，以下則可以得民。此舜之「允塞」，所以「五典克從」也。

「自誠明」至「明則誠矣」

「自誠明」，由中出也，故可名於「性」；「自明誠」，自外入也，故可名於「教」。誠者因性，故無不明；明者致曲，故能有誠。學不可以已，加之誠意而已。其誠不息，則雖愚必明，況其本智乎？雖柔必强，況其本剛乎？及其成功一也，豈不信哉？《輯略》删。

「唯天下至誠爲能盡其性」至「可以與天地參矣」

「萬物皆備於我，一多「矣」字。反身而誠，樂莫大焉」，故「唯天下至誠爲能盡其性」。千萬人之性，一己之性是也，故「能盡其性，則能盡人之性」。萬物之性，一人之性是也，故「能盡人之性，則能盡物之性」。同焉皆得者，各安其常，則「盡人之性」也。羣然皆生者，各得其理，則「盡物之性」也。至於盡物之性，則和氣充塞，故「可以贊天地之化育」。夫如是，則天覆地載，教化各任其職，而成位乎其中矣。按《中庸或問》曰：「吕、游、楊説皆善。」

「其次致曲」至「惟天下至誠爲能化」

誠者，不思不勉，直心而徑行也。其次，則臨言而必思，不敢縱言也；臨行而必擇，不敢徑行也，故曰「致曲」。曲折而反諸心也，擬議之間，鄙詐不萌而忠信立矣，故「曲能有誠」。有諸中，必形諸外，故「誠則形」。形於身，必著於物，故「形則著」。誠至於著，則内外洞徹，清明在躬，故「著則明」。明則有以動衆，故「明則動」。動則有以易俗，故「動則變」。變則革污以爲清，革暴以爲良，然猶有迹也，化則其迹泯矣，日用飲食而已。至於化，則神之所爲也，非天下之至誠孰能與於此？按《中庸或問》曰：「游氏説亦得之，但説『致曲』二字不同，非本意耳。」

「至誠之道可以前知」至「故至誠如神」

「至誠之道」，精一無間，心合於氣，氣合於神，無聲無臭，而天地之間物莫得以遁其形矣。不既神矣乎，此非人所能測也。至於前知之實，則近考諸身，遠驗諸物，大有以知國家之興亡，小有以知一身之禍福。此人之所同見也，故「至誠如神」。「如神」云者，因人所言見之也。《輯略》删。按《中庸或問》曰：「游氏『心合於氣，氣合於神』之云，非儒者之言也。且心無形而氣有物，若之何而反以是爲妙哉？」

「誠者自成也」至「故時措之宜也」

誠者，非有成之者，自成而已。其爲道，非有道之者，一無「爲」字。自道而已。自成、自道，猶言自本、自根也。以性言之爲誠，以理言之爲道，其實一也。按《中庸或問》曰：「自成自道，如程子説，乃與下文相應。游、楊皆以無待而然論之，其説雖高，然於此爲無所當，且又老、莊之遺意也。」

「故至誠無息」至「純一不已」

「至誠無息」，天行健也，若文王之德之純是也。未能無息而本作「無」，依《纂疏》。不息者，君子之自强也，若顔子「三月不違仁」是也。不息則可久，非日月至焉者也，故曰「不息則久」。久則根於心而施於四體，四體不言而喻，故曰「久則徵」。不息而有徵，則其行將與天同運，其立將與地同處，故曰「徵則悠遠」。夫如是，則下與地同德，上與天同道矣。故「悠久則博厚，博厚則高明」。博厚如地，故能任天下之重，是「所以載物」。高明如天，故能冒天下之道，是「所以覆物」。博厚而不久，則載物之德墮一作「隳」。矣；高明而不久，則覆物之道闕一作「缺」。矣。是則悠久者，天地所以成終一無此字。成始也，故「所以成物」。《輯略》節上四十三字爲一條，餘删去。誠至於此，則非人爲所能及也，天德而已矣。故未施敬於民而民敬之，是不待見而章也；未施信於民而民信之，是不待動而變也。夫何爲哉？恭己正南面而已矣，是無爲而成也。由此觀之，天覆地載而聖人所以成天地之功者，至誠而已，故曰「天地之道可以一言而盡也」。「其爲物不貳，則其生物不測」者，此又申言天地之道可盡於一言也。「其爲物不貳」，天地之得本作「德」，依《纂疏》。一也。一則不已，故覆載萬物、雕刻衆形而莫知其端也，故曰「生物不測」。聖人所以參天地而應無方，亦若此而已。博厚也，高明也，悠久也，此不貳之實也。至於「昭昭」之「無窮」，則「日月星辰繫焉」。「撮土」之「廣厚」，則「載華嶽而不重，振河海而不洩」，此生物不測之驗也，非特天地爲然。如山之廣大，則「寶藏興焉」，況「載華嶽」者乎？水之不測，則「貨財殖焉」，況「振河海」者乎？載物者猶然，況覆物者乎？故「天地之所以爲天地，文王之所以爲文王」，皆原於「不已」。「純」者，「不已」之謂也，然則一言而盡，豈不信乎？按《中庸或問》曰：「此章之説，最爲繁雜。如游、楊『無息、不息』之辨，恐未然。若如其言，則『不息則久』以下至何地位，然後爲『無息』邪？游氏又以得一形容不二之意，亦假借之類也，字雖密而意則疏矣。」

「大哉聖人之道」至「其斯之謂與」

「發育萬物，峻極于天」，至道之功也。「禮儀三百，威儀三千」，至道之具也。「洋洋乎」言上際乎天、下蟠於地也。「優優大哉」言動容周旋中禮也。夫以三百三千之多儀，非天下至誠，孰能從容而盡中哉？故曰「待其人然一作「而」。後行」。蓋盛德之至者，人也，故曰「苟不至德，至道不凝焉」。至德非他，至誠而已矣。「懲忿窒慾」，「閑邪存誠」，此「尊德性」也。非「學以聚之，問以辨之」，則擇善不明矣，故繼之以「道問學」。「尊德性而道問學」，然後能「致廣大」。尊其所聞，行其所知，充其德性之體，使無不該徧，如卷石之山積之至於廣大，如一勺之水積之至於不測，上廿二字《輯略》節删。此「致廣大」也。非「盡精微」，則無以極深而研幾也，故繼之以「盡精微」。「致廣大而盡精微」，然後能「極高明」。始也未離乎方，今則無方矣。始也未離乎體，今則無體矣。離形去知，一作「智」。廓然大通，此「極高明」也。非「道中庸」，則無踐履可據之地，不幾於蕩而無執乎？故繼之以「道中庸」。高明者，中庸之妙理；而中庸者，高明之實德也，其實非兩體也。天下百四十八字《輯略》删。「尊其德性而道問學」，人德也；「致廣大而盡精微」，地德也；「極高明而道中庸」，天德也。自人之天則上達矣，而下學者不可以已也。故「温故而知新」，所以博學而詳説之也；「敦厚以崇禮」，所以守約而處中也。約之之道，舍禮何以哉？以此居上，則舜之袗衣鼓琴若固有之，故「不驕」。以此爲下，則孔子之乘田委吏各任其職而已，故「不倍」。或出或處，或默或語，時措之宜也，豈干時犯分以蹈大禍哉？按《中庸或問》曰：「游氏分別至道至德爲得之，唯優優大哉之説爲未善。而以無方、無體、離形去智爲極高明之意，又以人德、地德、天德爲德性廣大高明之分，則其失愈遠矣。」

「王天下有三重焉」至「而蚤有譽於天下者也」

夏禮杞不足徵，殷禮有宋存焉，周禮今用之，蓋去當世滋遠，則文獻益不足徵也，况三代而上乎？故「王天下有三重」而已。「三重」者，三代之禮也。禮者，王天下之道，莫重焉，故聖王重之。「上焉」者五帝之禮，其事不可考，而無以示民。「下焉」者五霸之功，其道不足稱，而無以動民。是以聖人稽古之禮不過三王，而師古之道上及五帝。若「通其變，使民不倦，神而化之」，使民宜之，雖百世聖人不能易也。如其損益之禮，止言夏、殷、周而已。然五帝之道至堯、舜而明，三千之禮至文王而備，此經所以言「仲尼祖述堯、舜，憲章文、武」也。全體不偏之謂中，利用不窮之謂庸，此三極之道，萬世不可易之理也。以此修身則有本，以此施之庶人則有徵。三王者，推此道以盡制也；天地者，體此道以成物也，故「考諸三王而不謬，建諸天地而不悖」。鬼神者，主此道以應物也；聖人者，守此道以盡倫也，故「質諸鬼神而無疑，百世以俟聖人而不惑」。由明則爲天地，由幽則爲鬼神，故「建諸天地而不悖」，則「質諸鬼神而無疑」矣。由前則爲三王，由後則爲百世之聖，故「考諸三王而不謬」，則「百世以俟聖人而不惑」矣。三王，以業言也，故稱「不謬」。天地，以性言也，故稱「不疑」。聖人，以德言也，故稱「不惑」。鬼神與天地同德，故質之不疑，爲「知天」。聖人與人爲徒，故俟之不惑，爲「知人」。天人之道至矣，則動而爲道，行而爲瀍，言而爲則。不獨可以行於一方，固可以善天下；不獨可以行於一時，固可以傳後世。遠者慕之，近者懷之。盛德之實著矣，令聞安所逃哉？

《輯略》删。

「仲尼祖述堯舜」至「此天地之所以爲大也」

中庸之道至仲尼而集大成，故此書之末以仲尼明之。道著於堯、舜，故「祖述」焉；瀍詳於文、武，故「憲章」焉。體元而亨，利物而貞；一喜一怒，通於四時，夫是之謂「律天時」。修其教不易其宜，使四一作「五」。方之民各安其常，各成其性，夫是之謂「襲水土」。「上律天時」，則天道之至教修；「下襲水土」，則地理之異宜全矣。故博厚配地，「無不持載」；高明配天，「無不覆幬」。變通「如四時之錯行」；照臨「如日月之代明」。小以成小，大以成大，動者、植者，皆裕如也，是謂「並育而不相害」。或進或止，或久或速，無可無不可，是謂「並行而不相悖」。本脱「相」字。動以利物者，知一作「智」。也，故曰「小德川流」。靜以裕物者，仁也，故曰「大德敦化」。言川流則知敦化者，仁之體；言敦化則知川流者，知一作「智」。之用。

「唯天下至聖」至「其孰能知之」

「聰明睿知」，一作「智」。聖德也。「寬裕溫柔」，仁德也。「發强剛毅」，義德也。「齊莊中正」，禮德也。「文理密察」，知一作「智」。德也。「溥博」者，其大無方。一作「外」。「淵泉」者，其深不測。或容以爲仁，或執以爲義，或敬以爲禮，或别以爲知，一作「智」。唯其時而已，此所謂「時出之」也。夫然，則一作「故」。外有以正天下之觀，内有以通天下之志。是以見而民敬，言而民信，行而民説，自西自東、自南自北，莫不心説而誠服，此至聖之德也。「天下之大經」，五品之民彝也。凡爲天下之常道，皆可名爲經，而民彝爲大經。「經綸」者，因性循理而治之，無汩其序之謂也。「立天下之大本」者，建中于民也。「淵淵其淵」，非特如淵而已，「浩浩其天」，非特如天而已，此至誠之道也。德者其用也，有目者所共見，有心者所共知。故本脱「叱」字。凡有血氣者，莫不尊親。道者其本也，非道同志一莫窺其奥，故曰「苟不固聰明聖知一作「智」。達天德者，其孰能知之」。蓋至誠之道，非至聖不能知；至聖之德，非至誠不能爲。故其言之序相因如此。按《中庸或問》曰：「游氏以上章爲言至聖之德，下章爲言至誠之道者得之，其説自『德者其用』以下皆善。」

「詩曰衣錦尚絅」至「無聲無臭至矣」

自此以下皆言中庸之道，以至誠爲至也。君子用心於内，故「闇然而日章」，作德而休也。小人用心於外，故「的然而日亡」，作僞而拙也。無藏於中，無交於外，❶泊然純素，獨與神明居，此「淡」也，然因性而已，故「不厭」。不失足於人，不失色於人，不失口於人，此「簡」也，然循理而已，故「文」。其心順，其氣平，其容婉，其色愉，薰然慈仁，此「温」也，然行而宜之，故「理」。「淡而不厭」，天德也；「簡而文」，地德也；「温而理」，人德也，若是爲成德。若「知遠之近、知風之自、知微之顯」者，入德之途也。欲治其國，先齊其家，「知遠之近」也。人人親其親，長其長而天下平，可不謂近矣乎？欲齊其家，先脩其身，「知風之自」也。《易》於《家人》曰「風自火出」，君子以言有物而行有常，可不謂所自乎？欲脩其身，先正其心，「知微之顯」也。夫道，視之不見，聽之不聞，而常不離心術日用之閒，可不謂顯矣乎？知所以入德，則成德其庶幾乎！正心之道，誠意而已，故繼言《輯略》刪上三百三字，而節録下廿八字爲一條。「君子内省不疚，無惡於志」。「君子所不可及者，其唯人所不見乎」，言慎獨也。本脱「也」字。下二百廿六字《輯略》刪。不息則久，久則天，故「君子不動而敬，不言而信」。天則神，故「君子不賞而民勸，不怒而民威於鈇鉞」，言不怒之威，嚴於鈇鉞也。德至於神，則甚顯而明，親譽息矣，故「君子篤恭而天下平」。夫何爲哉？恭己正南面而已，豈徒見於聲音顏色之閒

---

❶ 「外」，清抄本作「物」。

哉？蓋明德，化民之本也。聲音、顔色之於化民，末也。故君子務本而已。所謂德者，非甚高而難知也，甚遠而難至也，舉之則是，故曰「德輶如毛」。既已有所舉矣，則必思而得、勉而中，是人道而有對也，故曰「毛猶有倫」。若夫誠之至則無思無爲，從容中道，是天道也，故曰「上天之載無聲無臭，至矣」。無聲無臭，則「則」字，依《纂疏》增。離人而立於獨矣，是天命之性也，故曰中庸於是終焉。

游定夫先生集卷四

易　説

乾彖傳「大哉乾元」

《乾》曰「大哉」，《坤》曰「至哉」。大則无所不包，至則无所不盡。乾之大无方，而坤則未離乎方也。

乾象傳「終日乾乾反復道也」

終日乾乾，反復於道也。「反復」，宜與《復卦》之「反復」同釋。「終日乾乾」，行事之時，而曰「反復道」，何也？蓋君子之行事雖汲汲皇皇，而易簡之理未嘗離也，亦行其所无事而已。九三在下體之上，將離人而天矣，故有「反復道」之象。若夫聖人作而萬物覩，則天德之所爲，確乎能其事而已矣。雖有爲而未嘗爲，反復不容言矣。

文言傳「君子體仁」至「故曰乾元亨利貞」

道者天也，道爲萬物之奧，故足以統天。仁者人也，仁爲衆善之首，故「足以長人」，猶之萬物發育乎春，而震爲長子也。大爲之制，經爲三百；曲爲之防，詳爲三千，要皆歸于大中而已，故曰「嘉會足以合禮」，猶之萬物相見於夏而離爲文明也。義主于刻制，而利不生於其閒則不和。先王之義，勞之乃所以逸之，故民至于忘其勞；殺之乃所以生之，故民至于忘其死。蓋利之實行乎其中矣，故曰「利物足以和義」，猶之萬物彫悴於秋而說言乎兑也。事以智謀，物以智創。智而不貞，則事不立。貞者，正而固也。謀之不正，則異議得以屈之；守之不固，則衆力得以傾之。豈事之幹耶？故曰「貞固足以幹事」，猶之萬物終藏於冬而成言乎艮也。君子行此四德，則乾道在我矣，故曰：「乾，元亨利貞。」

初九曰「潛龍勿用」至「潛龍也」

「龍德而隱」，故「不易乎世」。「龍德而正中」，故曰「善世而不伐」。「不易乎世」者，用舍在我，故「遯世无悶」。「不成乎名」者，非譽不在物，故「不見是而无悶」。「確乎其不可拔」，則「行一不義、殺一不辜而得天下，不爲矣」，非伯夷、柳下惠之徒何足以與此？若孔子，則聖人之時，不專於勿用也。其易世之志，未嘗一日而忘，故曰「天下有道，丘不與易」也。

「潛龍勿用」至「乃見天則」

揲蓍之灋，遇九六之數則變。乾以純陽，故陽極而亢。坤以純陰，故陰極而戰。如其不變，則亢而災，戰而傷，不能免也。乾以用九，則陽知險而變，故无首而吉。坤以用六，則陰知阻而變，故永貞而利。乾、坤，純乎陰陽者也。故有用九用六，與他卦不同。將來者進，成功者退，天之則也。故「乾元用九，乃見天則」。

「君子學以聚之」至「君德也」

乾之道不盡於九二，故有「學」、「問」。坤之道，盛于六二，故「不習，无不利」。

坤

坤者，純陰之卦也。故初六陰生，有履霜之戒。六四重陰，有天地閉之象。

坤彖傳「至哉坤元」至「應地无疆」

《乾》曰「大哉」，《坤》曰「至哉」。大則无所不包，至則无所不盡。乾之大无方，而坤則未離乎方也。坤順承天，則於乾之道亦无餘矣，特不出於天之外而已。故曰「至哉坤元」，言地道於是爲盡也。天下之道，至于《易》而盡，故曰「《易》其至矣」。天下之德，至于《中庸》而盡，故曰「《中庸》其至矣」。體《易》而崇德則日新，體《易》而廣業則富有，故曰「盛德大業至矣哉」。「其靜也翕」，故曰「含弘」。「含」言无所不容，「弘」言无所不有。「其動也闢」，故曰「光大」。「光」言无所不顯，「大」言无所不被。四者坤元之德也。體坤德以有行者，非君子不足以與此，故曰「君子攸行」。「天行健」者，天之不已也；「无不覆幬」者，天之无疆而地之持載足以配之。故曰「德合无疆」，蓋无疆者以形言也。「德合无疆」者，地之配天也；「應地无疆」者，君子之瀍地也。知「君子攸行」、「應地无疆」，則知「乃順承天」之下，「德合无疆」者，合乎天也。

坤六二「直方大」至「地道光也」

坤之六二，靜則爲中正，動則爲「直方」。坤之道盛於六二，而直方因動而後見也。不言直方，則「地道之光」不可得而見矣。故以動者言之。

文言傳「天地變化草木蕃」至「蓋言謹也」

「蓋言順也」，言順於勢也。「蓋言謹也」，言順於命也。坤，至柔而動也。剛，至靜而德方。則用順亦必有所處，如齊之田氏、魯之三桓、晉之六卿，其勢之馴致必至於不可解，夫胡可以用順耶？此初六之「堅冰」，所以明用順之弊也。「天地閉，賢人隱」，則伏其身而弗見，閉其言而不出，藏其智而不發，唯恐其不謹。如鄉鄰有鬭者，被髮纓冠而往救之，則非所以爲謹矣。此六四之「括囊」，所以明用順之善也。夫順何尤哉？順性命之理而已。苟順性命之理，安往而不善？

「君子黄中」至「美之至也」

「美在其中，而暢于四支，發于事業」，則周公其人也，故曰「公孫碩膚，赤舄几几」。公之大美「發于事業」者，既遜而不處。其「暢於四支」者，睟然見於動容周旋。皆盛德神明之容，不可得而形容也，徒見其「赤舄几几」而已。「赤舄几几」，四體不言而喻也。「黄中通理」者，養德性之源而通至理也。「正位居體」者，正爲臣之位而居坤體也。「通理」云者，非謂其見彼也，自見而已；非謂其聞彼也，自聞而已。故宅於心者，至虚而明。「居體」云者，處静而无倡也，禀其令而已；處順而无作也，續其終而已。故守其身者，至柔而恭。内外交相養，則美在其中，粹然无疵矣。故見於面，盎于背，施于四體。四體不言而喻，此「暢于四支」，所以爲「美之至也」。致天下之大利，成天下之大順，功高而朝不忌，任重而上不疑，此「發于事業」，所以爲「美之至也」。古之人有體是道者，吾于周公見之矣。周公既有大美而不居，則所可得而形容者，道德之氣、神明之容而已。故曰「赤舄几几」，蓋「暢於四支」者然也。東人欲其留，西人欲其歸，而名實乎于上下，不可掩也。故曰「德音不瑕」，蓋「發於事業」者然也。公之碩膚若是而不與有焉，則其爲「美之至」可知也。坤之六二，地遠於君，諸侯之位也。故言「敬以直内，義以方外」，而以其動者言之，所以爲大也。六五，地近於君，公卿之位也。故言「黄中通理，正位居體」，而以其静者言之，所以爲美也。爲臣之義，於是兩盡。

屯象傳「屯剛柔始交」至「宜建侯而不寧」

《屯》「宜建侯而不寧」，何也？　蓋屯難未解，方且急賢才以自助。故分土錫圭，以報有功而崇有德，又且與之戮力以弘濟艱難，故雖建侯而不寧也。若《豫》之建侯，則四方无虞，五刑不用，要當建諸侯以藩屏王室而已，以是建侯則寧矣。武王歸馬放牛，何不寧之有？

屯初九「盤桓」至「利建侯」

夫「建侯」，王者事也。而於初九言之者，以剛動而不失其正。其自任以天下之重，蓋王佐才也。《象》所謂「君子以經綸」者，非初九其誰耶？　故其體國致君，宜以協濟爲意。其曰「利建侯」者，乃代天理物之職也。

蒙象傳「蒙山下有險」至「聖功也」

含德之厚，比於赤子，抱一不離，此「蒙以養正」之謂也。夫唯抱一不離，故智雖滿天地而不自慮，能雖窮海内而不自爲，付百職于衆賢而我无爲焉。其致功也，吾不尸其事。其成功也，吾不處其名。此聖人之功也。筮者，占以決疑也。占以決疑，无不致誠。故《易》以致誠以謀，亦以筮言之，非假布策也。蒙之初筮者，致一以有求。比之原筮者，再思以有擇。若夫假爾泰筮，則不可以有原也。

象傳「山下出泉」至「育德」

「山下出泉」，其一未散，其勢未達。觀其勢之未達，則「果行」；觀其一之未散，則「育德」。

初六「發蒙」至「以正灋也」

《蒙》之「初六發蒙而利用刑人」，何也？蓋民之迷則目无所見，耳无所聞，若以物蒙其首也。今欲發其蒙而示之以好惡，則彼且不見利，不勸，不威，不懲，誥令所不能加，行義所不能率。必欲以利誘之耶，則爵无德而禄无功，愈非所以勸也。故當小懲而大戒，罰一以警百，然後蒙者畏刑之將至，相與從上之所好而避其所惡，故其蒙可得而發也。雖然，有發蒙之志則刑人而爲利矣。苟惡其蒙而刑之，不幾於不教而誅乎？故曰「利用刑人以正灋也」。正灋云者，示之以好惡之謂也。

上九「擊蒙」至「利禦寇」

《蒙》之「上九擊蒙」，若齊之伐燕，利其土地重器，所謂「爲寇」也。若葛伯仇餉，而湯往征之，所謂「禦寇」也。

需象傳「雲上于天」至「宴樂」

「雲上于天」，則澤將下流，天下之所徯望也，故有需之象。飲食，人之大欲存焉，而人非飲食不生，則天下之所需莫急于飲食，故需飲食之象。而位乎天位以應天下之求，亦曰「需于酒食」而已。然幅員之衆，烏得人人而飲食之哉？亦曰「養賢以及萬民」而已。故君子飲食燕樂者，「大烹以養聖賢」，使忠臣嘉賓得盡其心焉耳。忠臣嘉賓盡其心，則小民不失職而人人厭所欲矣。九五之所需，孰大於此？

訟六三「食舊德」至「從上吉也」

《訟》之六三，才不稱位，故有「食舊德」之象。「食舊德」者，世其禄也。世之搆訟者，皆出於忿慾。而六三才不足則内省而无忮，位已高則知足而无求。夫如是則從上而已，奚其訟？故「食舊德」而安也。然當訟之時，才不稱其位，則人必有媢嫉之者，故不能无危。要之，在已者貞固自守而无争心，故雖危而終吉也。

九五「訟元吉」至「以中正也」

「訟元吉」謂聽訟之主也，非身有訟也。九五得尊位，大中以正，決天下之訟，已則何訟之有？當訟之時至而「以中正」決之，是以「元吉」也。若「虞芮質厥成，文王蹶厥生」，則聽訟之道孰善於此？吉孰大焉？故卦言「利見大人」。大人，則九五之謂也。且訟而有孚，猶窒而後通，惕而後寧，中焉則吉，終焉則凶，自无元吉之理。

師「**貞丈人吉无咎**」

《師》：「貞，丈人，吉。」故《詩》稱「方叔元老，克壯其猶」也。老者，成德之稱。乞其言足以愈人之疾，❶故曰艾；憲其行足以助人之善，故曰叟。其更事多，其作謀審，其成德也尊，其致道也遠，蓋朝廷典刑所賴而非特可以行師也。「丈人」者，老者之尊稱而瀍度所資也。師之道以律爲主，故以丈人言之。

象傳「師衆也」至「又何咎矣」

用師之道，將以正天下之不正也，故師謂之征。己不正，其能正人乎？此師之所以主乎貞也。「剛中而應」，任將之道也。「行險而順」，興師之義也。仰順乎天，无違天以干時；俯順乎人，无咈人以從欲。興師之順如此，則民之從之，雖犯難而忘死矣，故「能以衆正」。以衆正之，則人皆知其欲正己而已，天下孰不趨于正哉？其爲王也孰禦？故吉且无咎。

❶「足」，原作「則」，今據清抄本改。

比六二「比之自内」至「不自失也」

「比之自内」者，非枉己以外求也。上之人訪逮幽側，至誠以相與，然後出而應之。故爻稱自内而象，以爲「不自失也」。六二居中得正，與九五爲正應，迹遠而志同，位殊而德合，故以「自内」言之。若伊尹之在莘而湯聘加焉，非自内以比耶？尹負鼎干湯，孰謂聖人乃不知比之自失乎！

小畜象傳「風行天上」至「文德」

「風行天上」，柔巽之上行也。君子觀象於此，則美其文德也。天以剛健，故其事武；地以柔順，故其事文。風之柔，无所不入地類也，故有「文德」之象。舜之格有苗，文德之懿也。《詩》稱仲山甫「柔嘉維則，令儀令色」，則所以畜宣王者文德而已矣，故有「明哲保身」之説。異乎！伊尹之於成湯、太甲也。

上九「既雨既處」至「有所疑也」

以臣畜君，至于和且至，則畜道成矣。猶當「尚德」以「載」之，不可以賢臨之也。尚德者，无所不用德也，故象以爲「德積載」。何則？君臣、夫婦，人合也。人合者，易以睽，故雖「貞」而「厲」。若恃此以行而不止，則陰疑於陽、「月」盈而逼矣，故雖君子之道猶爲「凶」也。所謂「有疑」者，陰疑於陽之謂也。

履彖傳「履柔履剛」至「光明也」

卦之才則以一柔進退，履衆剛，故有「履虎尾」之象。然則「不咥人，亨」者，「説而應乎乾」故也。蓋説而已，不應乎乾則不敬。應乎乾而已，非説則不和。夫敬以和，何事不行？君子之所履苟在於是，則雖暴人之前，无虞矣；雖蠻貊之邦，行矣，况于華夏乎？故「履虎尾，不咥人」，而又「亨」也。君子之所履，未嘗不在於禮，而禮勝則離。今至於履虎尾而亨，則其他可知矣，此履之善也。此合一卦之才言之。若就一爻之義，則六三「蹈虎尾」而「凶」矣，故爻、彖異辭。猶之《彖》言「剛中正，履帝位而不疚」，而九五言「夬履貞厲」也。「剛中正，履帝位而不疚」者，兑澤下流故也。膏澤下於民，則貴爲天子，富有四海，而内省不疚矣，此天下所以心悦而誠服也。天下心悦而誠服，則親之若父母，仰之若日月，敬之如神明，畏之如雷霆，可不謂「光明」矣夫？若其據利勢之重、阻灋度之威以臨莅天下，而澤不加於民，則民咨胥怨、疾首蹙頞而相告矣。夫如是，則從之者勢也而心背之；事之者貌也而腹非之，夫何「光明」之有？

象傳「上天下澤」至「定民志」

天高地下，禮制行矣。人之所履，禮而已，故「上天下澤」，有履之象。君子觀象於此，則可以「辨上下」。上下既辨，則名分立而民志定矣。此以成卦之體言之也。禮者，所以辨上下而定民志也。蓋上下之分嚴，則豐者不爲有餘，殺者不爲不足，而民志定。此先王因人性以制之，而理之不可易也。其或强有力者竊其非分而有之，欲自以爲榮，是播其惡，適足以發笑而自點爾。所有者非其分既不足以爲榮，而身陷不義更足以爲辱，愚孰甚焉！此臧文仲居蔡所以爲不智也。季氏以八佾舞，三家以雍徹，正類於此。而臧文仲，當時名大夫，必嘗以智稱，故仲尼以爲何如其智，以明其大者不知，其他不足稱也。如以爲先王之爲禮將以籠天下之愚而拘之，則荀卿「化性」、「起僞」之説行矣。譬如今人，未仕而服青紫，人必以爲病狂。文仲之愚不幸類此。

初九「素履往」至「獨行願也」

《中庸》言「君子素其位而行，不願乎外」，蓋位有貴賤、得喪，而君子不因其位而改其素也。《履》之初言「素履」，亦猶是也。素之爲言无飾也，大行不加，窮居不損，豈借美於外哉？孟子所謂「不願人之膏粱、文繡」者是也。履此而往，則志之所祈嚮者非有徇乎人也，獨行其平昔之志而已，故曰「獨行願也」。在履之初，未交於物，故有素之象。

六三「眇能視」至「志剛也」

六三以一陰獨立於羣陽之中，而又處非其位，故有眇、跛之象，猶之陰而无匹也。「眇能視、跛能履」，明不足而行不全也，故有武人之象。若用此以蹈危，其能无傷乎？惟「武人」用此，以聽命於大君，則處陽而「志剛」，可以有爲矣。大君，剛中正而履帝位者也，明足以照理，行足以率人。故武人聽命而有爲，可以无虞而有功矣。

上九「視履考祥其旋元吉」

視所履之善惡，所以考失得之報。蓋禍福之來，必象其德而還之也。在履之上，爲履道之成。在我者，无非禮矣。故「其旋元吉」。其旋者，象其履以還之之謂也。

泰象傳「天地交泰」至「以左右民」

「財成天地之道」，猶言「燮理陰陽」也。「輔相天地之宜」，猶言「寅亮天地」也。寅亮者，事功之所及，如羲和之職是也。此體「天地交泰」之事也。至於燮理，則非體道之全而與天地相流通者不足以與此。此體「天地交泰」之道也。財者，節其過也，猶言「範圍」。成者，補其虧也，猶言「彌綸」。範之使有常，則日月无薄蝕，陵谷无遷易，四時常若，風雨常均。若此者，範之者也。圍之使无踰，則春无凄風，秋无苦雨，冬无愆陽，夏无伏陰。若此者，圍之者也。彌之使不虧其體，則覆幬者統元氣，持載者統元形，陽敷而能生，陰肅而能成，夫是之謂彌。綸之使无失其敍，則日月代明，寒暑迭運，將來者進，成功者退，夫是之謂綸。按「範之使有常」以下，文遠刻本後復重出，今删彼存此。

否彖傳「否之匪人」至「君子之道消也」

「比之匪人」，言所比非其人也。「否之匪人」，言致否之因也。君臣上下，在朝者非其人，則將引天下之叨懫姦回萃于朝，此所以致否也。羣小在上而衆邪逞，故「不利君子貞」。當是時，非有大人之德則處否而未必亨；非有大人之才則不足以休否。伊尹五就桀，而當時羣小不能害焉，非體道忘我，孰足以與此？以顏子之賢遊于人間世，仲尼猶以心齋告之，則爲君子類者，處否之時，正當全身遠害而已。有國家之道，君臣而已。《傳》曰：「不有君子，其能國乎？」蓋惟君子在朝，然後君臣各得其道，上下合志而天下之情通，此國之所以立也。如君不君，臣不臣，則天下无邦矣。猶之父不父，子不子，則无家矣。无邦者，其道亡也。

六二「包承」至「不亂羣也」

否之六二，下乘初六，上承六三，二陰，皆小人之象。二不包初，則小人畜忿而陷我矣；不承三，則小人依勢而藉我矣。故曰「包承，小人吉」。此言君子之居中守正者，全身遠害當如是也。若夫至中至正之大人則不然：體道虛己以遊人間，或不言而飲人以和，與人並立而使人化，蓋嘗入獸不亂羣矣，况於人羣乎？故能處否而亨也。若伊尹五就桀而羣凶不能以害之是也。楊子以不離其羣爲聖人，蓋知「不亂羣」之説也。

六三「包羞」

六三在下體之上，位寖顯矣。而當否之世不能去，又以陰柔處之，是可羞也。世之寡廉鮮恥苟賤之士，處顯位以播惡於衆，而自不知其醜者多矣。六三與中正剛明者爲鄰，則見聞所漸亦知其可羞矣。惟以資質陰柔不能行其所知，至於忍恥而冒處，故謂之「包羞」。

同人九三「伏戎于莽升其高陵三歲不興」

「伏戎于莽」，欲以劫五之下接也；「升其高陵」，欲以扞二之上比也。二五以同德合，而九三居剛不中，不務德而欲以力争，宜其「三歲不興」也。三在下體之上，有高陵之象，故曰「升其高陵」。「其」者，指三之本體也。

大有九四「匪其彭」至「明辨哲也」

舒王以「匪其彭」爲其旁，不知所據何説。且近君之位有下比之嫌怨，非獨大有之時爲然。伊川以「彭」爲衆多，似于大有爲親。一説「彭」有張大之意，當大有之勢居近君之位，輒據而矜之，志于張大，則羣賢解體，天地、鬼神亦且弗祐矣。此昧者所以敗也。「辨哲」，明之著也。

六五「厥孚交如」至「易而无備也」

大有之成體，文明而剛健之主，故能以至誠與下，而下亦以至誠應之，上下合德而无間，故曰「厥孚交如」。爲大有之主，高拱尊位，其明不可欺，其健不可陵，則人之畏之將如神明矣，故曰「威如吉」。彼且推赤心置人腹中，其胸中坦然无疑忌，誰肯用數以御下哉？此太平之君子，所以「易而无備也」。

上九「自天祐之吉」至「自天祐也」

六五有至信之德而上履之，故有「履信」之義。五爲大君，而上九與衆陽同體而應之，故有「思乎順」之義。上九爲明之極，而自處无位之地，推衆陽而進之，故有「尚賢」之義。能如是，則无天災物累，无人非鬼責，天人交助之，宜其「吉无不利」也。自天云者，理之必至非有求而得也。伊尹將告歸，旁求俊乂，啟迪後人，自不居其成功，蓋用此道也。又以尚賢者體信順以處己，而又以尚賢也。

蠱彖傳「蠱剛上而柔下」至「天行也」

飭蠱以有事者，不可以有擾，故於蠱以「先甲」、「後甲」言之。「甲」者，仁柔也。發號施令者，不可以徇人，故於巽以「先庚」、「後庚」言之。庚者，義剛也。《傳》曰：「通變之謂事。」事，往來終始，如循環必至之理也，故曰「天行」。君子察於此，故先事而豫以弭于未然，故能致治于未亂，非知幾不足以與此。後此而圖以防其將然，故能轉凶而爲吉，非知化不足以與此。「三日」者，成數也，原始要終，亦推其數而已。先後至於成數則无虞矣。「巽而止」者，飭天下之蠱，義主於巽而道貴於止也。巽而止，則「元亨而天下治」矣，故諸爻皆以家道言之。蓋當是時，治大宜如小，治衆宜如寡，治煩宜如簡，一切以柔巽自處，而无意於動衆。順其序而弗擾，因其情而无咈，如子之任父事，則觀聽不駭而害已消矣。且有而爲之其易邪？如欲以發强剛毅、勇於作爲、多所紛更者任是，猶治絲而棼之，益以壞亂而已，非治蠱之道也。

初六「幹父之蠱」至「意承考也」

初六，才不足以應，宜不足以幹蠱，而能「考无咎」者，以柔巽爲體而意專於承考也。「意承考」者，子道之正也，故爻稱爲「有子」。況夫一家之事固不煩，而初亦未廣也。持吾承考之意以從事，則何事而不濟耶？《書》曰「罔曰弗克，惟既厥心」，意在於承考，斯能盡其心矣。人心其神矣乎！能盡其心，則雖愚必明，雖柔必强，才之不足非所患也。

九二「幹母之蠱」至「得中道也」

九二處多譽之地，才有餘而道不失中，固衆譽之所歸。六五因衆譽而用之，則人情莫不悅服。彼其才足以任劇，而以中道承柔中之君，則其君且仰成而繼志述事有餘地矣。然譽在下而上不忌者，「得中道」而承以德也。

臨九二「咸臨吉」至「未順命也」

君倡而臣和，禮之正也。若臨之九二，以剛中之才任六五之眷倚，則有從道不從君之事矣，故象以爲「未順命」。至於爲上爲德而君臣一道，則上之所倡豈終不和耶？故以未順言之。「咸臨吉无不利」者，二與五以同德相與，至誠以相應，而无私意也。其順之實固已見於未命之前矣，故曰「未順命也」，猶言「未占有孚」也。

六四「至臨无咎」至「位當也」

臨之六四爲至臨者，應下而順上。守之以正，以臨其民，則民敬而從之，是其爲臨也，可名爲至矣。然多懼之地而才不足以有爲，非若六五知臨之大也，故稱「无咎」而不言吉，適當其位而已。

觀象傳「大觀在上」至「天下服矣」

聖人久於其道，而天下化成。蓋天下之化，非有資於號令之鼓舞也，刑賞之懲勸也，一於誠而已。誠至，則天下傒其志而從之如恐不及矣，故曰「盥而不薦，有孚顒若」。先王之化民，豈能拂其所有而與之以所无哉？亦曰「順以巽」而已。中正，民之性也，順其性而入之，則將淪肌膚而浹骨髓矣。「下觀而化」，自然之理也。

六三「觀我生進退」

「六三觀我生進退」者，省諸己也，度德以就位，量能以任官也。「九五觀我生」者，驗諸民也，所以審好惡而察治忽也。夫如是，則興事造業无過舉矣，故无咎。此在上位者與德稱，而志在民者之所爲也，故特稱君子以別六三也。若夫上九之觀其生，則觀其時之施設也。此有君子之才而无其位，身在甽畝而志常在君者之所爲，故亦稱君子。而象因其有觀，以知其志未平也。

剥象傳「山附于地剥上以厚下安宅」

「山附于地」，則山頽之象。山至於頽，則以下不厚而上危故也。

復彖傳「復亨剛反」至「天地之心乎」

「復其見天地之心乎」，天地之心主於生物。復之時未有物也，而物以陽復而生。博愛者，聖人之心也。復禮未有愛也，而博愛之實由復禮而出，故《序卦》曰「復則不妄」。无妄者，天命也。先王以此茂對時、育萬物，則於博施濟衆也何有？

无妄六二「不耕穫」至「未富也」

无妄之六二，不耕而穫，不菑而畬，以明君子之於物也應而不倡，其於事也述而不作。非樂通物也，樂循理而已矣。循理而已，則有行有爲，皆天命也，何妄之有焉？雖然，六二得位矣而非尊位，故其勢不得以始事。得中矣而非大中，故其才不足以創物。是故象以爲「未富」。若夫「通其變，使民不倦，神而化之，使民宜之」，應時而造，以敏成功，其爲无妄孰大於此？

大畜「利貞不家食吉」

說者以「大畜」爲君畜臣。夫賢者易禄而難畜，而盛德之士，蓋有君不得而臣者，恐无畜大賢之理。如以爲所畜者非成德之彦，則不足以當所尚之賢，而非所謂「止健」也。且攬羣材而並用之，故重道輕禄者不足以自高，宜莫如堯、舜。而童牛之牿、豶豕之牙，徒取于私欲不行，豈聖君之盛德，曾何健之止乎？又以「不家食」爲聖人能養賢以及萬民，不待家食而民被其養矣。然自古養萬民者，藉令不知爲政，亦無家食之理。況大畜尚賢之卦也，其畜道之成，亦曰「何天之衢，亨」，未及言養民也。恐不須生此義。

彖傳「大畜剛健」至「應乎天也」

柔得位而上下應之，小者之畜也。古之人有行之者，若仲山甫之於宣王是也。故詩人稱之曰「柔嘉維則」，又曰「衮職有闕，惟仲山甫補之」。剛上而五承之，「能止健」，大者之畜也。古之人有行之者，若伊尹之於太甲是也。故高宗稱之曰「先正保衡，作我先王」，則補衮之闕不足道也。夫人主之利勢固能利害而擅生殺矣，可不謂健已乎？非有大人之正德終始惟一者孰能止之？昔之辯士，蓋有能變亂名實而使其君虚己以聽之，至於疏間親、新間舊，言聽計從，无不遂其意者，其術智亦足以畜其君矣。而君子惡之，爲其不正耳，此大畜所以言其利貞也。大人在上則天下利見，而野无遺賢矣。羣臣畢進，則涖天職而食於朝，此所謂「不家食」也。羣賢不家食，則禮義立而政事修，財用足而百志成，萬邦咸寧，吉孰大焉，亦何難之不濟乎？故曰「利涉大川」。當是時，命有德，討有罪，无容心焉，天理而已矣，故曰「應乎天」也。

初九「有厲利已」

且賢者之畜君，亦必有道焉：量而後入，信而後諫。不量而入，則將至於失身；未信而諫，則君必以爲謗己，故初則「有厲」而「利已」。

九二「輿説輹」至「无尤也」

二則輿説輹，二得中矣。有剛中之德，有載上之才，猶有待而後行。非不欲行也，道合則從，不可則去。此「中无尤」之道也。

九三「良馬逐利艱貞日閑輿衛利有攸往」

「九二輿説輹」，至於三，位高而近君矣，故「良馬逐」。然世治不輕，進國有道，不變塞焉，故「利艱貞」。猶且日戒曰：閑吾衛以防其逸，力厚而義不行，才全而用有序。上非我應也，而其德同；己非上比也，而其志合。内之畜於己者如此其周，外之畜於君者如此其審，則安往而不利哉？

六四「童牛之牿元吉」

九三「良馬逐，利艱貞」，夫然後禁於未發，如六四，故爲童牛而加牿焉。格其非心，如六五，故爲「豶豕之牙」。蓋六四純陰而勢順，賢者以剛克止之，則牿牛之象也。

六五「豶豕」至「有慶也」

六五，柔質而處剛，又當尊位。質柔則嗜慾易以深，處剛則躁競易以逞。當大畜之時，賢者以大中之道正其大本，則豶豕之象也。禁於未發，故能使之棄所習，捐所能，而人斯與之矣，故「有喜」。格其非心，則窒其原矣，非特禁未發而已也。且幽王之惡大矣，而當時大夫欲化其心以畜萬邦，則畜君之要正在於格其非心而已。故取象於豶豕，而无嫌於六五也。蓋豕之爲象，其躁忿足以傷物而賊仁，其嗜慾足以伐性而滅義。今而窒其原，則貪欲之情可化爲不求，而義不可勝用矣；躁忿之質可化爲不忮，而仁不可勝用矣。君仁莫不仁，君義莫不義，則非特人與之而已，天斯祐之矣，故「有慶」。

上九「何天之衢」至「道大行也」

畜道之成至于天人交助，則賢路自我而四達矣。故上九曰：「何天之衢，亨。」賢路而謂之天衢，言陟降之當於天心也。彖曰「剛上而尚賢」，則大畜之義主於上九也。然崇俊良以列庶位，而推轂賢路，使天下无家食之賢者，上九之任也，故其爻以「何天之衢」爲言。天下至於无家食之賢，則道之大行孰盛於此？此大畜所以爲先王之盛時也。

頤六二「顛頤拂經于丘頤」至「行失類也」

聖人推言頤之爲道，以爲天地養萬物。聖人養賢以及萬民，則以上養下，頤之正也。若在上而反資養於下，則於頤爲倒置矣，此二與四所以俱爲顛頤也。然二之志在物而四之志在道，故曰「顛頤」而吉。而二則征凶也，何以知其然耶？蓋六二居中得正，宜足以自守矣，然在下體，疎遠而未有禄，又動體也，宜於處約，未能自安，故降志以求初。初方一意於應四而不倉也，則又將求其類以趨五。五非其應，又力不足以自養，而何暇養人乎？故二爲「行失類」，此以知其志之在物也。夫自養以有所養，養德以需天下之求，頤之常理也。今至於屈己以求諸人，則失理之常矣。此二之求於五，五之資於上，所以俱爲「拂經」也。

六四「顛頤吉」至「上施光也」

六二行失類，至於六四，則其志正矣。其位近君矣，官尊禄厚足以无求矣，而汲汲於應初，非好善忘勢，又將與賢者共之不能爲此，若孟獻子之家有友五人焉者近是矣。且嗜慾深者，其天機淺，而士大夫之志或涉於重外，則人人得而易之矣。今六四之所取重者，在此而不在彼，則瞻視尊嚴，儼然人望而畏之，故如「虎視眈眈」，而所欲皆得也。欲仁而得仁，則无惡於欲矣，誰能推咎之哉？故四之「顛頤」，乃爲「上施光」，此以知其志之在道也。

六五「拂經居貞吉」至「順以從上也」

六五履尊位，而德不稱德。雖不稱位，而其富固无敵矣。所以不足者，非物也，乃能親上九之賢，委己以聽之，亦庶乎有以養萬民矣。而六二之有求，方且養其私而已。此五之拂經，所以異於二也。雖然，六五質柔而止體也，喜蹈常，畏興事，其資然也。見善未必明，用心未必剛，故以之守文，以之持正，可也。若應變以成務，則非其任矣。蓋疑閒一生，則危亂之機將不可解，故居正則吉，而「不可涉大川」也。「不可涉大川」，爲六五之君言之也；「利涉大川」，爲上九之臣言之也。使大臣之才如上九，足以養天下，而人主順以從之，其蔑不濟矣。此周公復政之後，成王所以四征不庭、制禮作樂、六服承德也。

上九「由頤厲吉」至「大有慶也」

六五居正則吉，乃如上九之賢則頤之，時所謂養賢以及萬民者皆自我出，匹夫匹婦无不與被其澤矣。夫然，故天下信之，衆賢助之，人主親見其功業，而深知其所存，徧知其所爲，任之必專，小人莫得以間之，天亦誘其衷矣。故其迹雖厲，而其理則吉，此所以「利涉大川」而「大有慶也」。夫以身徇國，弘濟於艱難，固大臣之職也，詎肯臨危而顧其身哉？惟欲善其後以冀成功，則亦審其時而已矣。若成王未知周公之時，則不可涉大川，六五是也。若周公既見察於成王之後，則涉大川而利矣，上九是也。説者謂以上養下爲顛頤，是以顛爲正矣，故用伊川説。

家人象傳「風自火出家人君子以言有物而行有恒」

欲齊其家，先修其身，知風之自也。《易》於《家人》曰「風自火出」，而「君子以言有物、行有恒」，可不謂所自乎？

損象傳「損損下益上」至「與時偕行」

《損》之三陽，皆損己者也；三陰，皆受益者也。損己者，或資諸物，或取諸身。資諸物者，損上益下，如初九是也。取諸身者，損剛益柔，若九二、上九是也。

損初九「已事遄往」至「尚合志也」

《損》之初九曰「已事遄往」，所謂事者，損之事也，言損初之實以益四之虚也。未事而往，則恭敬无實而人未孚。後事而緩往，則於疾无損而事不濟。四之志，欲損其疾而初遄往，使遄有喜焉，故曰「尚合志也」。然損下以益上者，或失其節，則後難繼，故必酌損之。

九二「利貞征凶」至「中以爲志也」

兑之情説而陽之性好動，故損之九二有「利貞征凶」之戒，蓋二既得中矣，恐其鋭於有爲而失中，或至於畔道也。由中出者，既已與人，己愈多，故曰「弗損益之」，而其益无方也。

六三「三人行」至「三則疑也」

上之所任者在道，故三得於上爲得友。友者，以道言也。下之所任者在事，故上得於三爲得臣。臣者，以事上言也。「三人行」，三陰之象也，三陰雖同類，而志不一於上，則於三反爲累也，故曰「損一人」，蓋德二三故也。「一人行」，則三與上爲正應，故曰「得其友」，蓋德惟一故也。己之德二三，能无疑乎？莊子所謂「汝何與人偕來之衆」者，亦言用志之不一也。

六四「損其疾」至「亦可喜也」

物之出有限，故必酌損之。而所益不過，亦可喜而已。已則有疾，初无可喜也，因人以去之，故曰「亦可喜也」。六五自上祐六四，得其友而爲上九。忘家之臣，豈徒「損其疾」而已哉！

上九「弗損益之」至「得臣无家」

「得臣无家」，謂三之致一也。

益六三「益之」至「固有之也」

益則吉矣，而「用凶事」者，所謂吉人凶其吉也。三居下體之上，當震動之極，不用凶事，則高而危、滿而溢矣，非固有之道也。所謂凶事者，必非衣帛冠布。挹而損之，行恭而用儉，所以「固有之」也。三本剛體，而以柔居之，故有「用凶事」之象。

夬象傳「夬決也」至「剛長乃終也」

「揚于王庭」，誦言於上也。「孚號」，誕告於下也。「告自邑」，自近而及遠也。夫去小人而播告之修，若是其詳，何也？蓋君子之夬也，豈徒夬其人而已，固將戮一以懲百，使天下皆知惡之不可爲，如四罪而天下服也。然小人之陰慝，其慮身甚周，其欲害君子之意甚切，將欲決之，能无疑乎？故初則「不勝」，二則「惕號」，三猶「有凶」也。雖然，彼以其邪，我以吾正；彼以其凶，我以吾仁。又方與羣剛協德盡道以去之，其憂不濟乎！故其危也，乃其所以爲光也。若夫九五，則據利勢、操主權，其除惡之易，如薙莧陸，甚易而无危矣。然才高而性剛，必期於夬夬而後已，雖未過中，於道爲未光也。

姤「女壯勿用取女」

「姤，女壯」，巽爲長女也。女壯則乘陽，其極將至於爲剥，故「勿用取女」。而初六有「蹢躅」之戒也，以其爲巽體也，故爲「女壯」；以其陰之初生也，故爲「羸豕」。

九五「以杞包瓜」至「志不舍命也」

「以杞包瓜」者，以九二之剛中，包初六之柔脆，用賢得民之象也。用賢得民，則我无爲也。中心，守至正而已，故曰「含章」。若是者，天實臨之降之，百祥將不旋踵矣，故曰「有隕自天」。蓋明君之於天下安危、利害，不惑其心，居中守正，强爲善以俟之，所以作元命也，故曰「志不舍命」。

井九二「井谷射鮒」至「无與也」

井道以高潔爲體，以上出爲功，故初爲井泥，二爲井谷。「射鮒」，蓋其自處汙下而功用熄矣。然九二既得中，而有趨下之汙，何也？蓋所居不正，則用心不剛。又巽體也，而上无應，故甘心于趨下而不自振其德之地，不足稱也。

上六「井收勿幕」至「大成也」

井之上六，則井既清矣，无渫也；既完矣，无甃也；既食矣，无求也。井道之成，无所事矣，故曰「井收」。收者，集其成功之謂也。成則如之何？亦博施濟衆而已，故曰「勿幕」。

繫辭傳「在天成象在地成形變化見矣」

「在天成象」，則鳥與火、虚與昴，四時迭見者，天道之變也。「在地成形」，則作而長、斂而藏，四時異形者，地道之變也。至於成象者莫測其進退之機，成形者莫見其生成之迹，則天地之化也。體化而裁之，則無駭於變矣，此變、化之辯也。

「範圍天地之化」至「而易无體」

「範」之使有常，❶則日月无薄食，陵谷无遷易，四時常若，風雨常均。若此者，範之者也。「圍」之使无

---

❶ 「範之使有常」至「圍之者也」六十字，原脱，今據清抄本補。按，此段與上文説《泰》卦象傳文字同。

踰，則春无凄風，秋无苦雨，冬无愆陽，夏无伏陰。若此者，圍之者也。或曰：伊川序《易》曰「隨時變易，以從道」，然則易與道爲二乎？曰「神无方而易无體」，易者，道之用也，既已涉於用矣，且得无從乎？惟其變易而不離於道，斯可名於「无體」矣。若春作夏長、秋斂冬藏，皆神之所爲也。神之所爲異於人爲者，以其從道而已。此四時之所以不忒也。《老子》曰：「道灋自然。」亦即人所見以明道也。先生之意，正欲使學《易》者知變易之必從道，則用不詭於易矣。

「是故夫象聖人有以見天下之賾」至「存乎德行」

非思非慮、非視非聽，了然遺照而獨存者，「神而明之」之謂也。神存而明之，非有心之所能知也，此道之所以明。无處无出、无從无違，確乎其能事者，「默而成之」之謂也。性默而成之，非有爲之所能得也，此道之所以行。

「通其變使民不倦神而化之使民宜之」

聖人稽古之道不過三王，而師古之道上及五帝。若「通其變，使民不倦，神而化之，使民宜之」，雖百世聖人不能易也。

詩二南義

按《墓誌》云《詩二南義》一卷，今文遠刻本《詩二南義》止二則，一論《詩》綱領，一辨《小序》文王受命作周，皆與《二南》無涉。疑先生《詩二南義》蓋久佚，文遠特取他書所採論《詩》語以當之，實非《詩二南義》也。然今既無可考，不得已仍其篇名而不去，以附于《易説》之後，亦猶《詩》存《邶》、《鄘》篇名之意，而附考其實于此，俾後之覽者無所疑焉。

詩綱領

學《詩》者，可以感發人之善心，如觀《天保》之詩，則君臣之義修矣；觀《棠棣》之詩，則兄弟之愛篤矣；觀《伐木》之詩，則朋友之交親矣；觀《關雎》、《鵲巢》之風，則夫婦之經正矣。昔王裒有至性，而弟子至于廢講《蓼莪》，則《詩》之興發善心於此可見矣。按此條本《論語雜解》「興於詩」章語，《欽定詩經傳説彙纂》採入首卷《綱領》之中，文遠不攷而誤以爲《詩二南義》也。

詩序文王文王受命作周也

君臣之分，猶天尊地卑。紂未可去，而文王稱王，是二天子也。服事殷之道，固如是耶？《書》所謂「九年大統未集」者，後世以「虞芮質成」爲文王受命之始故也。觀武王于《泰誓》三篇稱文王爲文考，❶至《武

---

❶ 「泰」，原作「秦」，上文《中庸義》「子曰無憂者至無貴賤一也」節不誤，今據改。

成》而柴、望，然後稱文考爲文王，則可知矣。按朱子《詩序辨説》云：「受命，受天命也。作周，造周室也。文王之德，上當天心，下爲天下所歸往，三分天下而有其二，則已受命而作周矣。武王繼之，遂有天下，亦卒文王之功而已。然漢儒惑於讖緯，始有赤雀、丹書之説，又謂文王因此遂稱王而改元，殊不知所謂天之所以爲天者，理而已矣。理之所在，衆人之心而已矣。衆人之心，是非向背若出於一，而無一毫私意雜於其閒，則是理之自然。而天之所以爲天者，不外是矣。今天下之心既以文王爲歸矣，則天命將安往哉？《書》所謂『天視自我民視，天聽自我民聽』，所謂『天聰明自我民聰明，天明畏自我民明畏』，皆謂此耳，豈必赤雀、丹書而稱王改元哉？稱王改元之説，歐陽公、蘇氏、游氏辨之已詳。去此而論，則此序本亦得《詩》之大旨，而於其曲折之意有所未盡，已論於本篇矣。」又按，此條本《中庸義》「無憂者章」以下「解」，《欽定詩經傳説彙纂》採入《小序》，文遠不知，誤以爲《詩二南義》也。❶

---

❶ 通行本《欽定詩經傳説彙纂》未引用游酢此論，方氏按或誤。

游定夫先生集卷五

録二程先生語

按朱子編《二程遺書》，目録卷四原題「游定夫所録」，則其爲先生書無疑也。其卷五、卷六、卷七、卷八目録下注云「此後四篇，本無篇名，不知何人所記，以其不分二先生語，故附于此」，則是四篇本與先生所録不相連，朱子編《遺書》，特以類相從耳，明云不知何人所記，則未嘗以爲先生書也。先生裔孫文遠刻本俱入《集》中，似未可信，今故刊去之，但取《遺書》第四卷入《集》云。又按朱子《二程外書》目録卷三十三題曰「游氏本」，《拾遺》注云「游定夫察院家本」，未嘗明言爲先生所録，而文遠刻入《集》中，今亦不敢決其非先生記也，姑仍其舊云。

善言治天下者，不患灋度之不立，而患人材之不成。善修身一作「善言人材」。者，不患器質之不美，而患師學之不明。人材不成，雖有良灋美意，孰與行之？師學不明，雖有受道之質，孰與成之？

行之失，莫甚於惡，則亦改之而已矣。事之失，莫甚於亂，則亦治之而已矣。苟非自暴自棄者，孰不可與爲君子？

人有習他經，既而舍之，習《戴記》。問其故，曰：「決科之利也。」先生曰：「汝之是心已不可入於堯、舜之道矣。夫子貢之高識，曷嘗規規於貨利哉？特於豐約之間，不能無留情耳。且貧富有命，彼乃留情於其間，多見其不信道也，故聖人謂之『不受命』。有志於道者，要當去此心而後可語也。」一本云：「明道知扶溝縣事，伊川侍行。謝顯道將歸應舉，伊川曰：『何不止試於太學？』顯道對曰：『蔡人鮮習《禮記》，決科之利也。』先生云云，顯道乃止。是歲登第。」注云：「尹子言其詳如此。」

先生不好佛語。或曰：「佛之道，是也；其迹，非也。」曰：「所謂迹者，果不出於道乎？然吾所攻，其迹耳，其道則吾不知也。使其道不合於先王，固不願學也。如其合於先王，則求之六經足矣，奚必佛？」

漢儒之中，吾必以揚子爲賢，然於出處之際不能無過也。其言曰「明哲煌煌，旁燭無疆。孫於不虞，以保天常」，❶「孫於不虞」則有之，「旁燭無疆」則未也。光武之興，使雄不死，能免誅乎？觀於朱泚之事可見矣。古所謂言遜者迫不得已，如《劇秦美新》之類，非得已者乎？

天下之習，皆緣世變。秦以棄儒術而亡不旋踵，故漢興頗知尊顯經術，而天下厭之，故有東晉之放曠。

人有語導氣者，問先生曰：「君亦有術乎？」曰：「吾嘗夏葛而冬裘，饑食而渴飲，節嗜欲，定心氣，如斯而已矣。」

世有以讀書爲文爲藝者。曰：「爲文謂之藝，猶之可也；讀書謂之藝，則求諸書者淺矣。」

萬物本乎天，人本乎祖，故冬至祭天，而祖配之。以冬至者，氣至之始故也。萬物成形於地，而人成形於父，故以季秋享帝，而父配之。以季秋者，物成之時故也。

世之信道篤而不惑異端者，洛之堯夫、秦之子厚而已。

---

❶「常」，《揚子法言》並《二程遺書》皆作「命」。

孟子之時，去先王爲未遠，其學比後世爲尤詳。又載籍未經秦火，然而班爵禄之制已不聞其詳。今之《禮》、《書》，皆掇拾於煨燼之餘，而多出於漢儒一時之傅會，柰何欲盡信而句爲之解？然則其事固不可一二追復矣。

人必有仁義之心，然後仁與義之氣睟然達於外。故「不得於心，勿求於氣」可也。

君子之教人，或引之，或拒之，各因其所虧者成之而已。孟子之不受曹交，以交未嘗知道固在我而不在人也，故使「歸而求之」。

孟子論三代之學，其名與《王制》所記不同，恐漢儒所記未必是也。

「象憂亦憂，象喜亦喜」，蓋天理人情於是爲至。舜之於象，周公之於管叔，其用心一也。夫管叔未嘗有惡也，使周公逆知其將叛，果何心哉？惟其管叔之叛，非周公所能知也，則其過有所不免矣。故孟子曰：「周公之過，不亦宜乎！」

孟子言舜完廩浚井之説，恐未必有此事，論其理而已。堯在上，而使百官事舜於畎畝之中，豈容象得以殺兄，而使二嫂治其棲乎？學《孟子》者，以意逆志可也。

或謂佛之理比孔子爲徑。曰：「天下果有徑理，則仲尼豈欲使學者迂遠而難至乎？故外仲尼之道而由徑，則是冒險阻、犯荆棘而已。」

窮經將以致用也。如「誦《詩》三百，授之以政，不達；使於四方，不能專對。雖多，亦奚以爲」？今世之號爲窮經者，果能達於政事、專對之閒乎？則其所謂窮經者，章句之末耳，此學者之大患也。

問：「『我於辭命則不能』，恐非孟子語。蓋自謂不能辭命，則以善言德行自居矣，恐君子或不然。」曰：「然。『孔子兼之』，而自謂不能者，使學者務本而已。」

孟子曰：「事親若曾子者，可也。」吾以謂事君若周公，可也。蓋子之事父、臣之事君，聞有自知其不足者矣，未聞其爲有餘也。周公之功固大矣，然臣子之分，所當爲也，安得獨用天子之禮乎？其因襲之弊，遂使季氏僭八佾、三家僭《雍》徹。故仲尼論而非之，以謂周公其衰矣。

師保之任，古人難之，故召公不説者，不敢安於保也。周公作《書》以勉之，以爲在昔人君所以致治者，皆賴其臣，而使召公謀所以裕己也。

「復子明辟」，如稱告辭，天子王矣。

工尹商陽自謂「朝不坐，宴不與，殺三人足以反命」，慢君莫甚焉，安在爲有禮？夫君子立乎人之本朝，則當引其君於道，志於仁而後已。彼商陽者，士卒耳，惟當致力於君命，而乃行私情於其間。孔子蓋不與也。所謂「殺人之中又有禮焉」者，疑記者謬。

盟可用也，要之則不可。故孔子與蒲人盟而適衛者，特行其本情耳。蓋與之盟與未嘗盟同，故孔子適衛無疑。使要盟而可用，與賣國、背君，亦可要矣。

不知天，則於人之愚智、賢否有所不能知；雖知之，有所不盡，故「思知人不可以不知天」。不知人，則所親者或非其人，所由者或非其道，而辱身危親者有之，故「思事親不可不知人」。故堯之親九族，亦明俊德之人爲先。蓋有天下者，以知人爲難，親賢爲急。

二《南》之詩，蓋聖人取之以爲天下國家之灋，使邦家鄉人皆得歌咏之也。有天下國家者，未有不自齊家始，先言后妃，次言夫人，又次言大夫妻。而古之人有能修之身以化在位者，文王是也。故繼之以文王之詩。《關雎》詩所謂「窈窕淑女」，即后妃也，故《序》以爲配君子。所謂「樂而不淫、哀而不傷」，蓋《關雎》之義如此，非謂后妃之心爲然也。

安定之門人，往往知稽古愛民矣，則於爲政也何有？

古者鄉田同井，而民之出入相友，故無争鬬之獄。今之郡邑之訟，往往出於愚民以戾氣相搆，善爲政者，勿聽焉可也。又時取强暴而好譏侮者痛懲之，則柔良者安，鬬訟可息矣。文遠本連上二段。

君子之遇事無巨細，一於敬而已。簡細故以自崇，非敬也。飾私智以爲奇，非敬也。要之，無敢慢而已。《語》曰：「居處恭，執事敬，雖之夷狄，不可棄也。」然則「執事敬」者，固爲仁之端也。推是心而成之，則「篤恭而天下平」矣。

士之所難者，在「有諸己」而已。能有諸己，則「居之安，資之深」，而美且大可以馴致矣。徒知可欲之善，而若存若亡而已，則能不受變於俗者鮮矣。

馮道更相數主，皆其讐也。安定以爲當五代之季，生民不至於肝腦塗地者，道有力焉，雖事讐無傷也。荀彧佐曹操誅伐，而卒死於操，君實以爲東漢之衰，彧與攸視天下無足與安劉氏者，惟操爲可依，故俯首從之。方是時，未知操有他志也。君子曰：在道爲不忠，在彧爲不智。如以爲事固有輕重之權，吾方以天下爲心，未暇恤人議己也，則枉己者未有能直人者也。

世之議子雲者，多疑其投閣之事。以《灋言》觀之，蓋未必有。又天禄閣世傳以爲高百尺，宜不可投。然子雲之罪，特不在此，黽勉於莽、賢之閒，畏死而不敢去，是安得爲大丈夫哉？

公山弗擾以費叛，不以召畔人逆黨而召孔子，則其志欲遷善悔過，而未知其術耳。使孔子而不欲往，是沮人爲善也，何足以爲孔子？

道之外無物，物之外無道，是天地之閒無適而非道也。即父子而父子在所親，即君臣而君臣在所嚴，一作敬。以至爲夫婦、爲長幼、爲朋友，無所爲而非道，此道所以「不可須臾離」也。然則毀人倫、去四大者，其離於道也遠矣。故「君子之於天下也，無適也，無莫也，義之與比」。若有適有莫，則於道爲有閒，非天地之全也。彼釋氏之學，於「敬以直内」則有之矣，「義以方外」則未之有也。故滯固者入於枯槁，疏通者歸於肆恣，一作放肆。此佛之教所以爲隘也。吾道則不然，率性而已。斯理也，聖人於《易》備言之。

乾，聖人之分也，可欲之善屬焉。坤，學者之分也，有諸己之信屬焉。

仲尼言仁，未嘗兼義。獨於《易》曰：「立人之道曰仁與義。」而孟子言仁必以義配。蓋仁者體也，義者用也，知義之爲用而不外焉，可與語道矣。世之所論於義者多外之，不然則混而無別，非知仁義之説者也。

門人有曰：「吾與人居，視其有過而不告，則於心有所不安，告之而不受，則奈何？」曰：「與之處而不告其過，非忠也。要使誠意之交通在於未言之前，則言出而人信矣。」

「剛毅木訥」，質之近乎仁也；「力行」，學之近乎仁也。若夫至仁，則天地爲一身，而天地之閒品物萬形爲四肢百體。夫人豈有視四肢百體而不愛者哉？聖人，仁之至也，獨能體是心而已，曷嘗支離多端而求之身外乎？故「能近取譬」者，仲尼所以示子貢以爲仁之方也。醫書有以手、足、風、頑謂之四體不仁，爲其疾痛不以累其心故也。夫手足在我，而疾痛不與知焉，非不仁而何？世之忍心無恩者，其自棄亦若是而已。

一物不該，非中也；一事不爲，非中也；一息不存，非中也。何哉？爲其偏而已矣。故曰：「道也者，不可須臾離也，可離非道也。」脩此道者，「戒慎乎其所不睹，恐懼乎其所不聞」而已。由是而不息焉，則「上天之載無聲無臭」，可以馴致也。

君子之於中庸也，無適而不中，則其心與中庸無異體矣。小人之於中庸，無所忌憚，則與戒慎恐懼者異矣，是其所以反中庸也。

責善之道，要使誠有餘而言不足，則於人有益而在我者無辱矣。

按以上見《二程遺書》第四卷。

問：《文中子》：「圓者動，方者静。」先生曰：「此正倒説了。静體圓，動體方。」

問：「管仲設使當時有必死之理，管仲還肯死否？」曰：「董仲舒道得好，惟仁人正其義不謀其利，明其道不計其功。」

問知崇禮卑。曰：「崇的便是知，卑的便是禮。」

問：「『充塞乎天地之閒』，莫是用於天地間無窒礙處否？」曰：「此語固好，然孟子卻是説氣之體。」

問寢不尸。曰：「毋不敬。」

因論持其志。先生曰：「只這個也是私。然學者不恁地不得。」按，「論持其志」，何以云「只這個也是私？」此條恐有脱誤。

古者大享，夫人有見賓之禮。南子雖妾，靈公既以夫人處之，使孔子見，於是時豈得不見？

「天且不違，況於鬼神乎」，鬼神言其功用，天言其主宰。

「天下雷行，物與，无妄」，先天後天，皆合乎天理也，人欲則僞矣。

古人「善推其所爲而已矣」，此特告齊王云爾，聖人則不待推。

仲尼聖人，其道大，當定、哀之時，人莫不尊之。後弟子各以其所學行，異端遂起，至孟子時，❶不得不辨也。

「歲寒然後知松柏之後彫」，只取堅不變之義。

「鼓萬物而不與聖人同憂」，聖人有爲之功，天地不宰之功。❷

孔子之時，周室雖微，天下諸侯尚知尊周爲義，故《春秋》之灋以尊周爲本。至孟子時，七國争雄，而天下不知有周，然而生民塗炭，諸侯是時能行王道則可以王矣，蓋王者天下之義主也，故孟子所以勸齊之可以王者此也。

初見先生，次日先生復禮，因問安下飯食穩便。因謂：「君子食無求飽，居無求安。顔子簞瓢陋巷，不

---

❶ 「時」，底本、清抄本均脱，今據文淵閣《四庫全書》本《二程外書》補。

❷ 「不」，原作「主」，今據清抄本及《二程外書》改。

改其樂。簞瓢陋巷何足樂？蓋别有所樂以勝之耳。」

問：「佛戒殺生之説如何？」曰：「儒者有兩説。一説天生禽獸，本爲人食。此説不是，豈有人爲蟣虱而生耶？一説禽獸待人而生，殺之則不仁。此説亦不然，大抵力能勝之者皆可食，但君子有不忍之心爾。故曰：『見其生不忍見其死，聞其聲不忍食其肉，是以君子遠庖厨也。』舊先兄嘗見一蝎，不忍殺，放去。《頌》中有二句云：『殺之則傷仁，放之則害義。』」

「敬以直内，義以方外」，與「德不孤」一也。爲善者以類應，「有朋自遠方來」，「充之至於塞乎天地」，皆「不孤」也。

伯夷，孟子言其迹得聖人之清，孔子言清而有量，故曰：「不念舊惡，怨是用希。」又曰：「求仁而得仁，又何怨？」若曰餓於首陽之下但不食周粟，貧且餓爾，非謂不食周粟，至於采薇而食之，如史遷之説也。

樂隨風氣，至《韶》則極備。若堯之洪水方割，四凶未去，和有未至也。至舜以聖繼聖，治之極，和之至，故《韶》爲備。

舜巡狩，每五載一方。按此説與《虞書》所紀不同。

仁在己，讓不可也。若善名在外，則不可不讓。

管仲不死，觀其九合諸侯不以兵車，乃知其仁也。若無此，則貪生惜死，雖匹夫匹婦之諒亦無也。

按以上見《二程外書》卷三十二。

游定夫先生集卷六

遺　文

按《墓誌》云「《文集》十卷藏於家」，今文遠刻本止文八首，詩十三首，則遺佚者多矣。

奏士風疏❶

天下之患，莫大于士大夫。至于無恥則見利而已，不復知有他，如入市而攫金，不復見有人也。始則衆笑之，少則人惑之，久則天下相率而效之，莫知以爲非也。士風之壞，一至于此，則錐刀之末將盡爭之。雖殺人而謀其身，可爲也；迷國以成其私，可爲也。草竊姦宄，奪攘矯虔，何所不至而人君尚何所賴乎？古人有言，禮、義、廉、恥，謂之「四維」。四維不張，國非其有也。今欲使士大夫人人自好而相高以名節，則莫若朝廷之上倡清議于天下。士有頑頓無恥，一不容于清議者，將不得齒于縉紳，親戚以爲羞，鄉黨以爲辱。夫然，故士之有志于義者，寧饑餓不能出門户，而不敢以喪節；寧阨窮終身不得聞達，而不敢以敗名。廉恥之俗成而忠義之風起矣，人主何求而不得哉？惟陛下留意。

❶ 清抄本標題作「論士風奏疏」。

陳太平策❶

直言臣某：欽惟聖朝布威敷德，臨簡御寬，極地際天，罔不臣服，混一之盛，曠古所無，三代以降，自周至今二千年閒得大一統者，惟秦、漢、晉、隋、唐而已。秦、隋、晉以貽謀不遠，旋踵敗亡。漢、唐雖傳數十世，其閒又亂日常多，治日常少。古今一統，其難如此，而能保於長且久者，又難如此。毋謂四海已合，民生已泰，可以安意肆志，而不思否泰相因，離合相仍，大有可憂可慮者存也。若賈誼當漢文晏安之時，猶爲之痛哭，爲之流涕，爲之長太息。方今之世，恐更甚焉。安得如誼者復生，爲朝廷畫久安長治之策？今觀朝廷之上，大臣則悠悠然持禄而顧望，小臣則惴惴然畏懼而偷安。含胡苟且，以求自全之計，玩歲愒月，以希遷轉之階。詎肯奮不顧之身，出爲百姓分憂者？然或有之，又招疑速謗，不能自容於時矣。使賈生身今之時，目今之事，不知何如其痛哭流涕長太息也。高見遠識之士，雖以斧鉞在前，刀鋸在後，其能自已於言乎？某幼勤於學，長習於史，少有知者。欲緘默無言，則上負明時，下負所學，縱明目張膽，羅縷自陳，則不免束之高閣，否則爲刀筆吏覆醬瓿而已。古語有曰：「樵夫之言，聖人擇焉。」又曰：「愚者千慮，必有一得。」或冀一言見聽，可爲涓埃之助云爾。如言而足取，則施之，時政必有所裨；言無可采，亦宜恕其狂僭，以來諫諍之路。輒以所見列爲一綱、二十目，條陳於后，謹投中書省御史臺以聞，仰干宸聽。臣無任瞻天仰聖，

---

❶ 此文諸本皆無，係方宗誠節取元人鄭介夫奏疏成篇，非游酢文字。

激切屏營之至。

其綱一曰建儲。建儲一事，最爲當今急務。自三代殷周以來，人君即位之初，必先定儲嗣，所以示根本之固，杜覬覦之心也。欽惟皇帝陛下春秋鼎盛，德業方隆，億萬斯年正當發軔之初，而拳拳愚忠首陳建儲，則似不急不切。然揆古度今，未有如兹事之急且切也。今皇子天性聰明，嫡而居長，神人協贊，朝野歸心。宜蚤建儲宫，正名定號，所以尊崇宗社，所以培植國本，所以鎮安天下。聖朝萬世不拔之基，實係於此。賈誼曰「天下之命，懸於太子。太子之善，在於蚤諭教與選左右。夫心未濫而先諭教，則化易成也」云云。古者建東宫、立太子，將以表異示尊，定民志，非泛然之美稱也。今諸王公子例呼太子，嫡庶親疎略無差别。晉申胤曰：「太子統天下之重，尚與諸王齊冠遠遊，非所以辨貴賤也。」同衣冠猶以爲不宜，况可同名號哉？云云。大綱既正，其餘事務次第舉行，則宗社幸甚。

其目二十曰任官，曰選瀍，曰鈔瀍，曰鹽瀍，曰備荒，曰厚俗，曰定律，曰刑賞，曰俸禄，曰求賢，曰養士，曰奔競，曰核實，曰户計，曰怯薛，曰僧道，曰邊遠，曰抑强，曰閱武，曰馬政。

孫莘老易傳序

《易》之爲書，該括萬有，而一言以蔽之，則「順性命之理」而已。陰陽之有消長，剛柔之有進退，仁義之有隆污，三極之道皆原於一而會于理。其所遭者，時也；其所託者，義也；其所致者，用也。知斯三者，而天下之理得矣。斯理也，仰則著於天文，俯則形于地理，中則隱于人心。而民之迷日久，不能以自得也，冥行于利害之域而莫知所向。聖人有憂之，此《易》之所爲作也。伏羲象之而八卦成，文王重之而六爻具，周公繫之辭，仲尼訓其義。自伏羲至仲尼，則《易》之書不遺餘旨矣。蓋將領天下於中正之塗，而要于時措之宜也。居則觀象而玩辭，動則觀變而玩占，以研心則慮精，以應物則事舉。天且助之，人且與之，而何凶咎之有？故曰「是興神物以前民用」，又曰「因貳以濟民行」，此四君子之用心也。孫公莘老，少而好《易》，常以是行己，亦以是立朝，或進或退，或語或默，或從或違，皆占於《易》而後行也。晚而成書，辭約而旨明，義直而事核，又將與學者共之，蓋亦先聖之所期，豈徒爲章句以自名家而已？此先生傳《易》之意也。學者宜以是觀之。

家譜後序

往酢從事於伊川程夫子之門，謂儒者之道首在敦倫睦族，謹書諸紳，以誌不諠。富哉言乎！昔姬公陳詩以告孺子，王必丕揚其祖德，非獨「紹聞衣德言」，亦以啟佑我後人也。然而難言之矣，宗族之壞每在數傳而後，其閒保無一二式微，世世雷同附和者，或高、曾皆不可問，舉一動名爛然、絶無干涉之人奉以爲吾祖，吾祖也恥孰甚焉！獨吾族不然，吾族於春秋時最顯。粵我先人，博物洽聞，顯名於諸侯，澤潤生民，與東里子產並傳不朽，如《傳》稱「子太叔」者是也。迨伯度公，佐魏，卓卓著功業；伯始公繼起，風裁高峻，節烈矯然，世奉爲日星河嶽，蓋亦後先濟美者矣。再傳簡之公，爲唐南豐令，多所膏澤及於民，至今廟祀不衰。自時厥後，本朝太平興國閒，簪纓、朱芾蟬聯至今。巨族之稱，由來尚矣。酢膺祖、父之休，承乏俎豆，而顧使先人之澤散佚無傳焉，是誰之咎哉？獨不敢少有侵假，使支系混淆，世次紊亂，蹈雷同附和之譏。是編之葺，兄醇倡其事，酢用成之，則惟以别其流者澄其源，庶無負乎敦倫睦族之訓也已。若謂光前人之烈以垂裕後昆也，則吾豈敢。按公裔孫文遠刻本注云：「見省城《譜》序，嗣考。」竊玩此文，與他文不類，似非公所作也。

書明道先生行狀後

先生道德之高致，經綸之遠圖，進退之大節，伊川季先生與門人高弟既論其實矣，酢復何言！謹拾其遺事，備採録云。

先生生而有妙質，聞道甚蚤，年逾冠，明誠夫子張子厚友而師之。子厚少時自喜其才，謂提騎卒數萬可横行匈奴，視叛羌爲易與耳，故從之游者多能道邊事。既而得聞先生論議，乃歸，謝其徒，盡棄其舊學以從事於道。其視先生雖外兄弟之子，而虚心求益之意懇懇如不及。逮先生之官，猶以書抵扈，以「定性未能不動」致問。先生爲破其疑，使内外動静道通爲一，讀其書可考而知也。其後子厚學成德尊，識者謂與孟子比，然猶秘其學，不多爲人講之，其意若曰雖復多聞，不務畜德，徒善口耳而已，故不屑與之言。先生謂之曰：「道之不明於天下久矣。人善其所習，自謂至足，必欲如孔門『不憤不啟，不悱不發』，則師資勢隔，而先王之道或幾乎熄矣。處今之時，且當隨其資而誘之。雖識有明暗，志有淺深，亦各有得焉，而堯、舜之道，庶可馴致。」子厚用其言，故關中學者躬行之，多與洛人並推其所自先生發之也。

擢爲御史，睿眷甚渥，亟承德音，所獻納必據經術，事常辨於蚤而戒於漸。一日，神宗縱言及於辭命。

先生曰：「人主之學，惟當務爲急，辭命非所先也。」神宗爲之動顔。會同天節，宫嬪專獻奇巧，爲天子壽。先生既言於朝，又顧謂執政戒之。執政曰：「宫嬪實爲，非上意也，庸何傷？」先生曰：「作淫巧以蕩上心，所傷多矣。公之言非是執政辭。」遂屈。是時有同在臺列者，志未必同，然心慕其爲人，嘗語人曰：「他人之賢者，猶可得而議也。乃若伯淳，則如美玉，然反復視之，表裏洞徹，莫見疵瑕。」

先生平生與人交，無隱情，雖僮僕必託以忠信，故人亦不忍欺之。嘗自澶淵遣奴持金詣京師貿用物，計金之數可當二百千。奴無父母妻子，同列聞之莫不駭且誚。既而奴持物如期而歸，衆始歎服。蓋誠心發於中，暢於四肢，見之者信慕，事之者革心，大抵類此。

先生少長，親闈視之如傷；又氣象清越，灑然如在塵外，宜不能勞苦。及遇事，則每與賤者同起居飲食，人不堪其難，而先生處之裕如也。嘗董役，雖祁寒烈日，❶不擁裘、不御蓋。時所巡行，衆莫測其至，故人自致力，嘗先期畢事。異時，夫伍中夜多譁，一夫或怖，萬夫競起，姦人乘虚爲盜者不可勝數。先生以師律處之，遂訖去無譁者。及役罷夫散，部伍猶肅整如常。

初至鄠，有監酒税者以賄播聞，然怙力文身，自號能殺人，衆皆憚之，雖監司、州將不敢發。先生至，將與之同事，其人心不自安，輒爲言曰：「外人謂某自盜官錢，新主簿將發之，其勢窮，❷必殺人！」言未訖，先

---

❶「祁」，原作「祈」，今據清抄本改。

❷「其」，清抄本作「某」。

生笑曰：「人之爲言，一至於此！足下食君之禄，詎肯爲盜？萬一有之，將救死不暇，安能殺人？」其人默不敢言，後亦私償其所盜，卒以善去州。從事有既孤而遭祖母喪者，身爲嫡孫，未果承重。先生爲推典瀍意，告之甚悉，其人從之，至今遂爲定令，而天下縉紳始習爲常。蓋先生御小人，使不罹於瀍；助君子，使必成其美，又大抵類此。

先生雖不用，而未嘗一日忘朝廷，然久幽之操確乎如石，胸中之氣沖如也。所至，士大夫多棄官從之學，朝見而夕歸，飲其和，茹其實，既久而不能去。其徒有貧者，以單衣御冬，累年而志不變，身不屈。蓋先生之教，要出於爲己。而士之游其門者，所學皆心到自得，無求於外。以故甚貧者忘饑寒，已仕者忘爵禄，魯重者敏，謹細者裕，强者無拂理，愿者有立志，可以脩身，可以齊家，可以治國平天下。非若世之士，妄意空無，追咏昔人之糟粕而身不與焉，及措之事業，則倀然無據而已也。方朝廷圖任真儒以惠天下，天下有識者謂先生行且大用矣；不幸而先生卒。嗚呼！道之行與廢，果非人力所能爲也？悲夫！哭而爲之贊曰：

天地之心，其太一之體與；天地之化，其太和之運與。確然高明，萬物覆焉；隤然博厚，萬物載焉，非以其一與。陽自此舒，陰自此凝；消息滿虚，莫見其形，非以其和與。夫子之德，其融心滌慮，默契於此與？不然，何穆穆不已，渾渾無涯而能言之，士莫足以頌其美與。嗟乎！孰謂此道未施、此民未覺，而先覺者逝與。百世之下，有想見夫子而不可得者，亦能觀諸天地之際與。

跋陳居士傳

昔揚子雲稱蜀人之賢，以李仲元爲「畏人」，想見其人信順之氣，積於中而暢於外，蓋黄叔度之流。惟以生於遠方，不聞於中原士大夫，獨因雄書而名載於後世。今陳居士含德隱厚，沈溟於七閩之下邑，未有能知之者。吾友中立爲發其藴，以詔其子孫。吾知其與仲元俱不朽矣。此於名教，豈小補哉？政和二年孟夏中澣書。

宣義胡公墓誌銘

公諱淵，字澤之，姓胡氏。其先江南人，唐末避地於建州崇安之籍溪。曾祖敏、祖容，皆率德不耀。父罕，負氣節，重然諾。鄉鄰有競者，不決於有司，而聽其一言。環左右數百家，終歲無訟。資産本饒給，群從數數稱貸，無所償，以故致空匱，怡然終不恨。公生而聰敏，蚤歲能綴文。及冠，試於有司，不與選，而益務强識，下至陰陽卜筮之書，無不精究。親老家貧，於是往來授學江浙閒，歲終，度父母所須，力能致者盡市歸以獻，退無私焉。丁外艱，母有末疾，不復遠遊，里閈教生徒，晨夕歸省，祈寒暑雨不移晷。每諸生饋食有鮮肥，悉持歸以佐母膳。母憐其誠，爲之强進，而疏食飲水躬自安之。既永感，晚寓江湖閒而家焉。歲時追慕，常欲歸省墳壠，子孫以年高力諫止之。公曰：「吾少不能致禄養，一恨也。晚以貧故，不能處先廬，終灑埽，二恨也。今雖七十，筋力猶健，得一歸上塚，死且瞑目矣！」既歸，表識阡原，補植松櫝，徘徊顧瞻，一慟而去。行道爲之惻楚。以子通籍，再封宣義郎。宣和元年十一月壬子卒於所居之正寢。子男五人：二蚤卒；安國，朝奉郎，新差權發遣提舉江南東路學士；安止、安老皆幼。女二人：長適宿州教授范舜舉，次在室。孫男女四人，完貢入太學。方慶曆、皇祐閒，書籍多未刊，皆手傳。

公爲兒童時，父所傳書於同鄉僊洲吴居士之家，居士閲其所寫《論語》，字體謹慎，終二十篇文無誤，又視瞻凝審，重歎賞之。有女未嫁，聰睿少倫，讀書能探微旨，爲擇對，不輕許。察公端慤，特以妻之。公既資純孝，又得賢配，相與竭力以事其親，雖戹窮貧寠，而閨門之内雍如也。初，安國典教荆州，數與守忤。公知其性峻，促使求田問舍。而夫人又每誡其子曰：「人患無德義耳。汝慎無得以生事累其心。」公乃自爲葺廬舍，買田數頃，語妻孥曰：「古者人有恒産，故士不仰禄。今之宦遊者，率低徊饘糜以自負於義，一招廢斥，置父母妻子於飢寒，恝然無念，可乎？」居無何，其子使湖外，論薦隱士，屬吏訴之，以爲所薦者黨人鄒公浩所囑，而故相范公之門人也。坐是除名，歸而託於所葺之田廬，安處無外營。親舊乃知公識微而慮遠也。後朝廷復其子官總益部，而涉遠道，歷險塗，恐難以奉安輿，將歸，誠控聞，又恐不知者隨而媒孽之，以貽親憂，躊躇未決。公察其意，乃曰：「世閒禍福，非人謀所及，汝自擇於義可也！」卒聽其子棄官就養，處約雖久，訖無悔辭。自其子入官，盡斥其俸餘以贍兄弟之子。又取其子而教之，激其惰而揚其能，必欲成就而後已。臨終，語安國曰：「儒者特立獨行，不加少以爲多。汝當以古人自期！」言訖而逝。次年庚子三月辛酉，其子遵治命，以公入夫人之兆。將葬，來請銘。銘曰：

孰不爲事，事莫嚴於親；孰不爲守，守莫先於身。惟此兩者，公得之於己，而又以成其子之仁。少也，文詞發策上第；壯也，學行望隆縉紳。而且惕然内省，力久不息，以要於古人，則公之子也，公諱與倫。

朝奉郎彭公墓誌銘

君諱衛，字明微。其先吉州廬陵人。曾祖諱程。祖諱應求，仕爲太子中允，贈刑部尚書。父諱思永，爲御史中丞，以鯁亮稱天下，贈左光禄大夫。母普寧郡太君晏氏，元獻公弟尚書户部侍郎融之女也。光禄將告老，愛歷陽江山之勝；君承志，築室居焉，故今爲和州人。

君少謹厚，讀書不爲科舉謀，光禄器之，亦不迫也。皇祐中，補太廟齋郎，君慕戀庭闈，久之不赴調。至和中，光禄漕成都，以恩乞監鳳州酒，二年避親罷。後光禄帥瀛，再乞趙州判官，君遲遲未行。光禄諭之曰：「瀛、趙相望，隨牒可數歸，與在我側不異也。」君慮違親意，乃赴官。會州將武人，不閑民事，易以言辱人。君委曲彌縫，數月而郡務理。而欲薦之，君力辭，以與外邑之垂緘者，州將歎服。甫踰年，丐侍養，優游親側。又十餘年，光禄捐館舍，居喪哀毁，以孝聞。奉普寧温凊，未嘗一宿離左右。有不安節，則日夜侍醫藥，雖祁寒酷暑不解帶，而普寧非君操藥亦不嘗也。王荆公屏居金陵，習聞而賢之，逮守金陵，欲辟置幕府，君謝不願也。熙寧中，淮南轉運使楊公汲知君不肯去親側，薦爲和州推官。初不以告，及命下，君駭曰：「我棄官養親有年矣，和雖吾居，而職官行役不可免，如離親何？」遂不拜，自此有歸田意。元豐四年，以宣義郎致仕。

乃於所居之西營地數畝，蒔花竹，構亭榭，爲悦親之所，每歲時宴適其中。名卿賢大夫聞者莫不稱頌，或作詩讚其美。故相范公堯夫守和州，數載酒相與遊，遂結姻好焉。及太夫人終，君年已六十，毁瘠甚，族黨憂其不勝喪。哲宗登極，恩遷宣德郎。今上嗣服，遷通直郎。以子通籍，封奉議郎。上受八寶，遷承議郎。又以子封朝奉郎。以大觀四年四月十七日終於正寢，享年七十六。

君在趙州日，民之鬻蔬者例出蔬供郡官，以免身役。君聞知其説，義欲不取，而惡違衆也，告園丁曰：「我家食蔬少，爾持歸鬻之，積錢爾家。待我終更併取也。」訖去不復問。其清畏人知如此。初，光禄守當塗，故相蔡韓公時爲繁昌令，微涉吏議，部使者按之急。光禄爲言以免，又力薦而成就之。及韓公當國，念念有報德意，君杜門晦疾，不與通。其不求利達如此。性嗜經史，雖老不倦，得意處往往忘盥櫛、廢寢食。至於古人奇節美行，亹亹成誦，仍以訓子孫，使思齊也。平生託於正直，故不事祠禱；篤於名教，故不延桑門；安於義命，故不喜占算。終之日，蚤起，命子孫燕集，誨語終日。是夕，以微疾逝。

娶張氏，封崇德縣君，先卒。子男八人：誠，文林郎；諏，承議郎；詢，通仕郎，蚤世；訢，儒林郎；譔、詳、諶、詵並舉進士。女五人，皆適名家。孫男女十八，曾孫男女二人。以大觀四年十月十四日葬於歷陽之長壽鄉延慶里蓮花岡先塋之左。

先是，誠等來請銘，余嘗謂君當於古人中求之，故喜爲之銘。銘曰：

勢利之域，萬夫駿奔。孰旋其輈，優及聖門。君初入官，人致其力。荆偉其操，韓則懷德。兩相知之，膴仕可期。就養如曾，一夕不離。蚤歲投簪，耽翫六籍。會意如陶，欣然忘食。孺慕不衰，書淫以老。匪激匪求，從吾所好。彼高者原，松柏如櫛。神將護之，吉士之室。按和州陳廷桂《歷陽典録》補載此文，注云「見《游定夫詩文集》」。而文遠本未載，今補附於此。

祭陳了翁文

嗚呼陳公，萬夫之傑。大虛無塵，心疑知徹。經綸大猷，如挈裘領。灼知幾先，眇綿作炳。慮遠而知者疑，言危而弱者讋。蓍龜有稽，可觀而省。嗚呼陳公，知事道而已，不知鼎鑊之臨其顛也；知殉國而已，不知陷穽之横其前也。阨之白首而氣愈和，蹙之死地而志愈堅。處約彌久，妻孥裕然。畎畝念忠，頂踵利物，人疑其爲墨；平生拯飢，任重一身，吾知其爲稷。行道之人，聞者心惻，意者天將降之大任而空乏其身耶？意者吾君將追念其篤誠，發獨斷而收之以澤斯民耶？嗚呼！孰謂流離川塗，邅迴萬狀，而淪于淮楚之濱耶？嗚呼！孰謂謀猷可以託心腹，膂力可以任股肱，而志願卒不伸耶？浩浩元精，慘不知其因耶。歲首之書，後訃而達，執書一慟，骨驚心折。嗚呼陳公！蓋將有哲人能盡知而賢之，有志士能慷慨而言之，有仁人能經紀其家而存之，有良史能具載其實而傳之。❶ 區區鄙詞，曷足以涉其流而泝其源乎？寓奠一觴，聊薦悃愊。東望傷懷，淚落横臆。尚饗。

---

❶「史」，原作「吏」，今據清抄本改。

遺詩

餞賀方回分韻得歸字

邀客十分飲，送君千里歸。情隨緑水去，目斷白鷗飛。松菊今應在，風塵昔已非。維舟後夜月，能不重依依。

歸鴈

天末驚風急，江湖野思長。悲鳴愁絶塞，接翼冒風霜。澤岸多矰弋，雲間乏稻粱。茫然棲息地，飲啄欲何鄉。

感事

世事浮雲薄，勞生一夢長。散材依櫟社，幽意慕濠梁。風急鷹鸇迅，霜殘草木黄。投閒如有約，早晚問耕桑。

春日山行有感

十里橋西别有天，青山欲斷翠雲連。園林寂寂鹿爲友，野服翩翩儒亦仙。風咏舞雩正此日，雪飄伊洛是何年。追尋往事頓成夢，回首春光倍黯然。

遊寶應寺

崒嵂三峰帶白灣，誰開蘭若翠微間。竹牀雲嬾禪心定，草徑苔荒屐齒斑。天入碧嵐成玉宇，鳥飛青嶂出塵寰。此中即是蘂珠境，遮莫閒吟一解顔。

寶應寺讀書堂成因懷明道先生

橋西積雪度新晴，卜築茅堂快落成。郁郁奇花鋪野趣，關關好鳥和書聲。春濃嵐色無邊景，水淨天光徹底清。記得程門窗草緑，至今遐想每馳情。

題河清縣廨

小院閑亭長薜蘿，鹿來穿徑晚經過。夕陽蕭散簿書少，窗裏南山明月多。

水　亭

清溪一曲繞朱樓，荷密風稠咽斷流。夾岸垂楊烟細細，小橋流水即滄洲。

在潁昌寄中立

絳帷燕侍每從容，一聽微言萬慮空。卻愧猶懸三釜樂，未能終此挹清風。

蕭條清潁一茅廬，魂夢長懷與子居。五里橋西楊柳路，至今車馬往來疏。

登歸宗巖

奇冠南闓此最奇，歸宗千古是誰歸。至今來訪誰先至，知是曹劉先我知。

誨　子

三十年前宿草廬，五年三第世間無。門前獬豸公裳在，只恐兒孫不讀書。按公裔孫文遠刻本注云「嗣考」，竊疑此詩語意矜張鄙陋，似未必爲公所作也。

山中即景

翠靄光風世界，青松緑竹人家。天外飛來野鳥，澗中流出桃花。

游定夫先生集卷末

附　録

按舊本附録詩文甚多，今以其非大儒之言，不必著録。至舊本《集序》及《重修墓記》有關後世考證，故附著之。

祭游定夫文

楊　時

嗚呼定夫！學通天人而時不用，道足濟天下而澤不加乎民。今其已矣，夫復何云！悵百年之永訣，猶想見其音塵。念昔從師，同志二人，❶今皆淪亡，渺余獨存。雖未即死而頭童齒豁，煢然孤立而誰憐？歎吾先生微言未泯，❷而學者所記多失其真。賴公相與參訂，去其譌謬，以傳後學。書往未復，而訃之及門。嗚呼悲夫！宜任其責者復誰歟？斯文將泯滅而無傳歟？抱遺編而求之，悼此志之不伸。重念南北相望，不得憑棺一慟，徒隕涕而馳神。余言之悲，聞乎不聞？

❶「二」，文淵閣《四庫全書》本《龜山集》作「三」。

❷「歎」，文淵閣《四庫全書》本《龜山集》作「嗟」。

建寧府學游御史祠記

朱　熹

故監察御史游公，先生諱酢，字定夫，此邦之建陽人，而河南程氏之高第弟子也。徽廟初爲御史，未幾去，爲郡江淮間，又退而閒居以卒。隆興初元，歲在癸未，先生之殁於是四十有一年矣。今敷文閣待制、延平陳公實爲此邦，謂：「德學之盛有如先生者，而無祠於其鄉之學，非獨鄉人子弟之過，長民者亦有罪焉。」乃爲堂於府學之東偏，立像致祠，而以書屬熹，使記其意。熹辭謝弗堪，屢返而公不聽，於是退考舊聞，按龜山楊文靖公所爲先生《墓誌》之辭曰：

「予元豐中受學明道先生兄弟之門，有友二人焉，曰上蔡謝顯道，公其一也。初，伊川先生以事至京師，一見公，謂其資可與適道。是時明道知扶溝縣事，先生兄弟方以倡明道學爲己任，設庠序，聚邑人子弟教之，召公來職學事。公欣然往從之，得其微言，於是盡棄故所習而學焉。其後得邑河清，予往見之，伊川謂予曰：『游君德器粹然，問學日進，政事亦絶人遠甚。』於師門見稱如此，其所造可知矣。公自幼不羣，讀書一過目輒成誦。比壯，益自力，心傳目到，不爲世儒之習。誠於中，形於外，儀容辭令，粲然有文，望之知其爲成德君子也。其事親無違，交朋友有信，莅官遇僚吏有恩意，雖人樂於自盡而無敢慢其令者。惠政在民，戴之如父母，故去則見思，愈久而不忘。若其道學足以覺斯人，餘潤足以澤天下。遭時清明，不及用而死。此士論共惜之，非予之私言也。所著書有《中庸義》、《易説》、《詩二南義》、《論孟雜解》各一卷，《文集》十卷藏於家。」

蓋楊公所記如此。熹惟知先生之深而言足以合其德且信於後，宜莫踰於楊公者。然則先生之道學、德行於此可以觀其詳矣。又念每獲侍坐於陳公，而聞其語先正忠肅公之與先生遊也，笑談論議、書疏辭章，昔所親見而聞之者，至今尚能誦之。其雍容俯仰之間，又能併得其深微之意使聞者恍然若將復見其人焉。此其於先生之道如何哉？然則公之所以命祀先生，蓋將推其所得於己者，以幸教此邦之人，非徒致欽慕之意以修故事而已也。熹既不獲終辭，乃悉論著楊公本語，而不敢輒贊一辭於其間，且復揆公指意所出者如是而并書之，以承公命，庶乎其可幸無罪云耳。

嗚呼！先生遠矣。學者登是堂而拜其像，於是《記》也考其師友之淵源，退訪其書而讀之，於以求先生之所以學者，果惡乎在！幸而有以自得之，則亦無以異乎親而炙之矣。《詩》曰：「人之好我，示我周行。」又曰：「高山仰止，景行行止。」熹雖不敏，願與承學之士勉焉，以無忘陳公之德也。

游胡二先生祠堂記

張栻

學者博觀載籍，尚論古人，考述而有以觀其用，❶察言而有以求其心。則其相去久遠，雖越宇宙，猶恨其不得身親而炙之，而况接吾耳目，近出鄉黨，而模範典型足以師表後學者哉！建之爲州，素稱多士，近數十年之閒，御史游公、文定胡公相繼而出，模範典型皆足以師表後學，而接於其人之耳目，又未有若是其近

❶「述」，長春出版社校點本《張栻全集·南軒集》作「跡」。

者也。是以比歲以來，爲政而知務者繼立二公之祠於學宫，其所以開示學者，尚論古人，充其近者之意，亦云切矣。蓋隆興癸未，知府事陳侯正同始祠游公於東廡之北端。後六年，轉運副使任公文薦、判官芮侯燁又以邦人之請，❶命祠胡公，且徙游公之祠爲東西室於堂上，未畢而皆去。又五年，今轉運副使沈侯樞始因其緒而卒成之，而教授王定方遂以書來屬栻爲記。栻生晚矣，雖不及見二公而躬拜之，然論其言行，以與同志者共講之，則亦區區之願矣。昔者竊聞之二程先生兄弟倡明道學於河南，東南之士受業於門，見推高弟者有三人焉，曰上蔡謝公，龜山楊公，而游公其一也。伊川先生嘗稱其「德器粹然，問學日進，政事亦絶人遠甚」，而楊公亦謂公「心傳目到，誠於中，形諸外，儀容辭令，粲然有文，望之知其爲成德君子也」。元符三年冬，爲察院御史，旋出守郡，事業不得大施，獨有《中庸論孟説》垂於世。考其師友所稱，味其話言所傳，則夫造道之深、流風之遠，蓋有可得而推者矣。至若胡公，雖不及河南之門，然與游公及謝、楊二君子游，而講明論説，自得之奥在於《春秋》。被遇明時，❷執經入侍，正大之論竦動當世，所以扶三綱，明大義，抑邪説，正人心，亦可謂有功於斯文矣。夫以二公之賢，所立如此，是豈獨建人所得私以爲其鄉之先生哉？今姑以其模範典型接於耳目而論之，則即夫建學而立祠焉，亦其事之宜耳。自今以來，凡建人之游於學，與夫四方之

❶「後」上，原衍「平」字；「轉運副使」，原脱「副」字；「任公」，《南軒集》作「任侯」；「燁」，原作「華」。以上均據《南軒集》校改。

❷「被」，原作「彼」，今據《南軒集》改。

士往來而有事於建之學者，瞻二公之在此堂也，必將竦然於中，❶知所敬慕，退而考其言行，以遡其師友之淵源，即其所至而益究其學問之無窮，則聖賢之門牆庶幾其可循而入矣。然則爲是祠者，夫豈徒然而已哉？

漢陽軍學五先生祠堂記

黄 榦

嘉定八年冬十有一月，漢陽軍學五先生祠堂成，郡假守長樂黄榦帥其屬與在學之士，諏日而舍奠焉，郡文學金華潘衍與其諸生合詞而請記。竊惟成均之瀍，合國子弟，擇有道德者使教焉，歿則祭于瞽宗，謂之先聖先師，國無人則取諸其鄰與其鄉鄰，而嘗遊宦于其國有善可紀者亦祀之。若孔子、孟子及其門人，則又不必其鄉鄰、遊宦，而祀典所秩通于天下。此學校之所同，未有能易焉者也。漢陽爲郡，訪之于學，常祀之外乃咸無焉。其江山之勝，習俗之孅，禹功、文化載于《詩》、《書》，士生其間卓然自立者，固不乏人，豈懷道抱德、深藏不市，尸而祝之不可得耶？二程子以道學繼孔孟不傳之緒，生于黄陂，爲漢陽鄰壤。其門人游氏嘗守是邦，程子稱其「德器粹然，學問日進」，則取諸其鄰與嘗所遊宦者，不可以莫之舉也。即師生以原學之所自傳，則濂溪周先生實倡其始，又即周、程之學以究其所以光明盛大，則新安朱先生實成其終。此五先生之祠所以立，而學之文物始備矣。夫道統之傳，自堯、舜、禹、湯、文、武、周公，躬是道以化天下。周之衰，斯

---

❶「竦」，原作「端」，今據《南軒集》改。

道不行，孔子、孟子及其門人相與推明之。秦漢以來且千有餘歲，洙泗之遺緒已墜而復振，非五先生之力歟？則五先生者，自當與孔孟之徒通祀于學校，况又其遺跡之可考。則合而祀之，使此邦之士知道統之有傳，聖賢之可慕，顧不偉歟？當斯文晦蝕、遺編殘脱之餘，天運有開，名儒繼出，以高明之資、强毅之志，剖析毫釐，張皇幽眇，著之圖書，❶炳如日月。今之學者蓋不待窮探力索，可以目擊而道存焉。然士風之壞久矣，遊于學校者，非科目不習也，此豈士之罪哉？漢陽之士，入其門，升其堂，孔孟之徒森乎其前，五先生之祠列乎其後。尊其人，讀其書，明其道，心之所存，身之所履，必有以超然自得者。則夫有道有德，下以教國之子弟，上以紹諸儒正統之傳，豈其無人歟？豈其無人歟？遂爲之記，以授其學者，俾勒石于庭以俟明年。正月元日謹記。

祭建安游先生祝文

黄　榦

維嘉定八年歲次乙亥十有二月乙酉朔，六日庚寅，漢陽軍學五先生祠堂成，宣教郎、權發遣漢陽軍兼管内勸農營田事、提舉義勇民兵黄榦，謹率郡僚及諸生，❷釋奠于建安游先生。先生「德器粹然，學問日進」，見稱于師；「清德重望，皎如日星」，見稱于友。流風餘韻，足以師範斯世；惠政在民，至于久而不忘。先生

---

❶「著」，原脱，今據文淵閣《四庫全書》本《勉齋集》補。

❷「及」，原本作「友」，今據《勉齋集》改。

之于此，則遺澤固不淺矣。百餘年閒，士風淳質，可與適道，非其效歟？然訪之學宫，祠貌猶缺，遺前賢之軌躅，泯後學之儀型，師帥之職，❶得無曠歟？是用建祠，以舉墜典。敢告。

游廌山先生集序

左宰

先生，程門高弟也。自二程夫子倡教洛中，闡先聖之道，從遊諸儒最多，而同時立雪者首稱游、楊。比歸，程子目送之曰：「吾道南矣。」至今閩學之盛，埒於鄒魯，兩先生之功也。然伊川告楊子云：「游酢德器粹然，問學日進，政事亦絶人遠甚。」又云：「南劍州楊時雖不逮酢，然煞穎悟。」將毋游賢於楊乎？朱子嘗謂：「定夫事業不得大施，獨有《中庸語孟説》垂於世。攷其師友所稱，味其話言所傳，則夫造道之深，流風之遠，有可得而推者。」宰生也晚，未得爲先生之徒，然少讀經書，窺先生發揮精義，久心識之。兹者薄宦賢里，以瓣香來拜祠宇，肅瞻遺像，道貌偉然。登高以望，廌山之村落星羅棊布，皆其子孫之故居也。紫陽稱其流風餘韻足以師世範俗者，詎止此哉？因語其苗裔曰：「孔孟之道，得二程而明，故朱子以二程繼聞知之統；二程之教，得游、楊而廣，故先儒以游、楊爲親炙之宗。我朝列聖相承，崇儒重道，釐訂學宫祀典，凡有功於六經、四子者，靡不徵文攷行以發其幽光，使天下之士知所尊仰。而况先生所著有《中庸義》、《〈論〉〈孟〉雜解》、《易説》、《詩二南義》各一卷、《文集》十卷，皆足羽翼經傳，發明聖道，其可朽蠹不傳於世乎？」適

❶「師帥」，原本作「師師」，今據《勉齋集》改。

先生裔孫文遠取家藏舊本重壽梨棗，深幸天下之讀是書者可知所景從，更足以廣聖朝文教。余故敬表而出之，併以誌仰慕之萬一云。乾隆丙寅孟夏皖桐後學左宰敬撰。

重修和州游定夫先生墓碑記

方宗誠

宋儒游定夫先生，登元豐五年進士，徽宗時以監察御史出知和州，卒葬含山昇城鄉車轅嶺。今其地曰「察院嶺」，蓋以先生故得名，《和州志》詳載之矣。惟《志・表》載先生知和州爲元豐時，與《墓誌》、《年譜》不同，豈失之未考耶？《傳》稱先生所莅「有惠政，民愛之如父母，去則見思，愈久而不忘」。伊川程子嘗稱其「德器粹然，問學日進，政事亦絶人」。朱子論述先賢，謂先生「清德重望，皎如日星，流風餘韻，足以師世範俗」。然則先生政績雖世久遠不可考，而固可想見其概焉。昔孔子言「君子學道則愛人」，《書》曰：「學古入官，議事以制，政乃不迷。」世之以不學入政者無論矣。嘗有學古而號爲政事之才，然終不遠於俗吏之所爲，何哉？則以其所學未明夫君子之大道也。故或愛民而失之姑容；或惡惡而失之嚴酷；或一意休養無明作有功之心，近於黄老之所爲；或欲興利除害而不能爲久大之規，徒局於一時急功近利之見。是皆非議事以制，而於聖人愛人之道未之有聞者也。先生初從河南兩程夫子游，受其微言要論而躬行之，其爲政實得古人明德新民之意，故令人没世不忘如此。然則世嘗謂政不必本於學，學不必衷諸道，甚且以道學爲無用而詆諆之，遂使真儒之學不獲見於天下，豈非斯民之不幸也哉！

先生墓故有垣與碑，其旁有祠，咸豐中燬於賊。同治五年，新化游子代剌史來牧是州，糾僚吏士民修易之，又捐俸買田若干畝，以永春秋祀事，謂予素慕先生者，屬爲記其顛末。予惟先生之學見於遺書，其醇德至行著于先儒之所紀述，至其所以治和之政蹟，則史傳未之詳焉。然而流風餘韻至千百年，猶令人過墓生欽而奮然興起，有不知其所以然者，此儒者之設施，所以異于尋常循吏之所爲也與。時同治五年桐城後學方宗誠撰。

《全宋文》所輯佚文二則

題張元幹大父手澤後

知士無難，得其用心，斯知之矣。今仲宗得大父手澤數言於亂紙中，遂嚴飾而藏之，以詒子孫。此其用心，必且淬礪其質，追琢其章，以發揚幽光，詎肯失其本心以貽前人羞乎？君子以是賢之。宣和庚子，建安游酢書。《蘆川歸來集》卷一〇。

字韋許深道説

韋居士名許，字邦任，山谷道人以爲不甚中理，易之以「深道」，且述其意曰：「古之有大功於世者，深於道者也。不深於道而能追配古人，未之有也。自許以深于道，古人之學也。」居士恨其説之未廣也，謁予申之。予把卷而嘆曰：富哉，山谷之言也。人心之神，覆載天地，變化萬物，超逸宇宙。古之所謂深造于道而左右逢其源者，曷嘗窮高極遠、疲精耗神以從事於彼哉？ 亦証此心而已。 苟得其本心，則輔世長民，其仁無方，開物成務，其用不竭。 上贊陰陽之和，下遂群生之宜，内致百姓親睦，外使萬邦威懷。 不言則已，言而教化明；不爲則已，爲而瀌度正。 此無他，本于誠心、形於事業而然也。 昔顔子居陋巷未嘗出也，而孟子知其援溺拯饑，與禹、稷同道；伯夷饑死於首陽，而孟子知其朝諸侯、一天下，與伊尹同功。 蓋以其所造者既深，則舉而措之可不占而信也。 顔子曰：「舜何人也，予何人也，有爲者亦若是。」公明儀師文王，知周公之不我欺。 古之自許其志者如此。 今山谷以古人之學期于深道，庶幾其勉哉。 乾隆《太平府志》卷三八，乾隆二十二年刻本。

《儒藏》精華編選刊即出書目（二〇二三）

白虎通德論
誠齋集
春秋本義
春秋集傳大全
春秋左氏傳賈服注輯述
春秋左氏傳舊注疏證
春秋左傳讀
道南源委
桴亭先生文集
復初齋文集
廣雅疏證
龜山先生語録
郭店楚墓竹簡十二種校釋
國語正義
涇野先生文集
康齋先生文集
孔子家語　曾子注釋
禮書通故
論語全解
毛詩後箋
毛詩稽古編
孟子正義
孟子注疏
閩中理學淵源考
木鐘集
群經平議

三魚堂文集　外集
上海博物館藏楚竹書十九種校釋
尚書集注音疏
詩本義
詩經世本古義
詩毛氏傳疏
詩三家義集疏
書疑　東坡書傳　尚書表注
書傳大全
四書集編
四書蒙引
四書纂疏
宋名臣言行録
孫明復先生小集　春秋尊王發微
文定集

五峰集　胡子知言
小學集註
孝經注解　温公易説　司馬氏書儀　家範
孳經室集
伊川擊壤集
儀禮圖
儀禮章句
易漢學
游定夫先生集
御選明臣奏議
周易口義　洪範口義
周易姚氏學